みのりさん　倉方《くらかた》さん

**建築史家・倉方俊輔**
（くらかた・しゅんすけ）
１９７１年東京都生まれ。好きな建物は東京都慰霊堂。現在、大阪市立大学大学院工学研究科准教授。吉阪隆正、伊東忠太などに関する研究の他、建築観賞のガイド本や建築批評の執筆も手がける。

**文筆家・甲斐みのり**
（かい・みのり）
１９７６年静岡県生まれ。好きな建物はアテネ・フランセ。叙情的なもの、ロマンティックなものが好きで、クラシックホテル巡りについての著作もある。お菓子、お茶処にも詳しい。

もっと

# 建築を楽しむために

倉方さん直伝！
たてものを見る前に
おさえたい5つのコツ。

## 建築家の名前をチェック

知らなくてもいいけど、知っててもいい。だからこうなんだと気づいたり、違う場所や時代の建築がつながったり、ふとした発見の種になります。

## もっと近づく、もっと離れる

建築は動きません。こちらが動きましょう。身体をグッと寄せたり、遠くから風景として眺めたり。初めは気づかなかったさまざまな表情が見えてくるはず。

## 入ってみる、使ってみる、買ってみる

公共的な建物や商店など、普通の人が入れる場所へ足を踏み入れてみては？ すてきなものを買う、意外な場所に泊まる、面白い人と話す。建築を通じた出会いがあるのも醍醐味です。

## なんでこうなのか考える

なんでこんな建ち方をしているんだろ？ この部屋はなぜここにある？ あの形はなんだ？ この部分がなかったらどんな感じがする？ 大いに当てずっぽうで行きましょう。

## 大いに語る

同じ建築なのに、こんなに違うところを見ていたのか。でも、なんだか共感。語ろうとすると頭が整理されるので、意外なアイデアを口にしてビックリなんてことも。

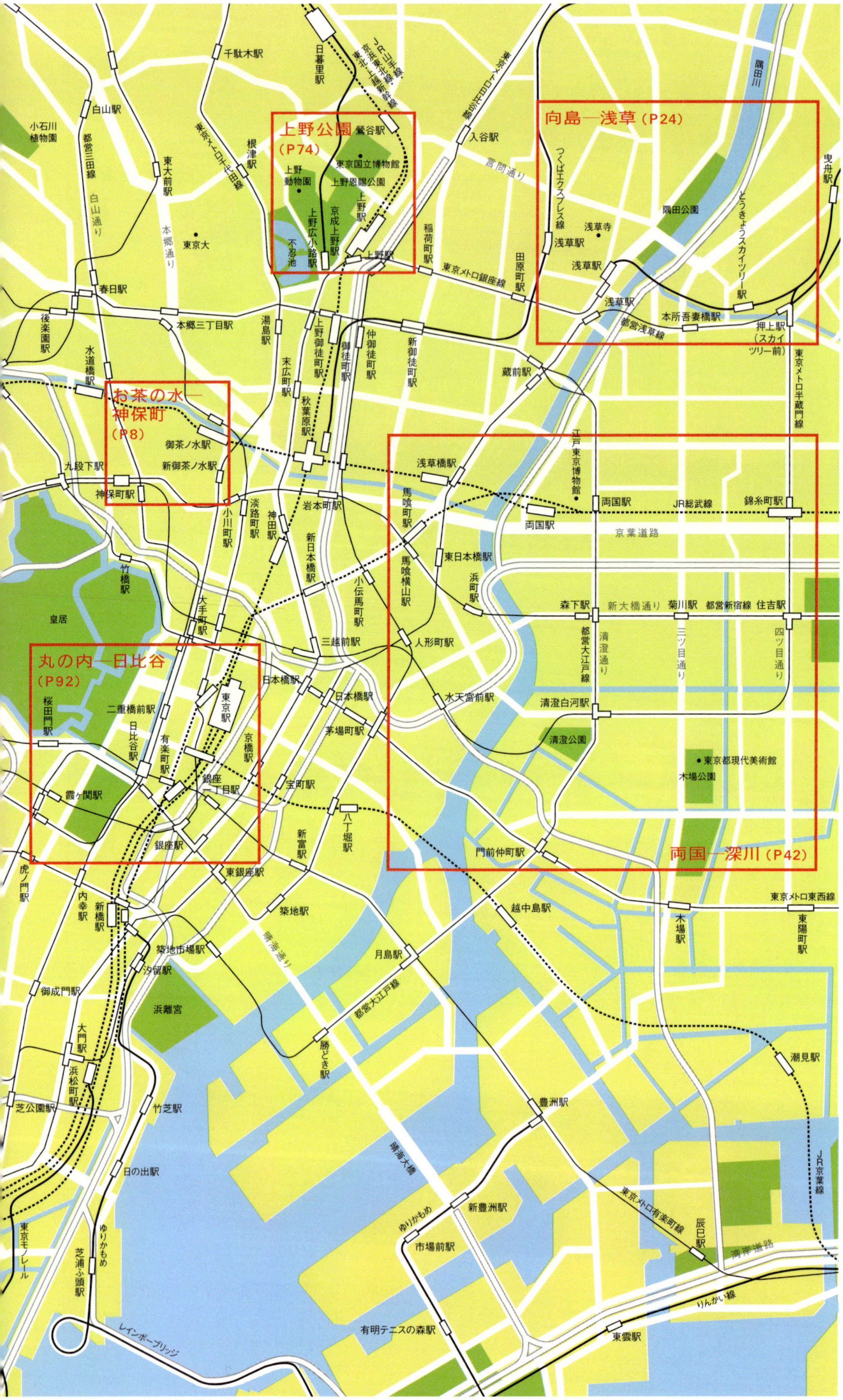
上野公園
（P74）
向島―浅草（P24）
お茶の水―神保町
（P8）
丸の内―日比谷
（P92）
両国―深川（P42）
千駄木駅
日暮里駅
JR山手線
京浜東北線
東北本線
鶯谷駅
東京国立博物館
上野恩賜公園
上野動物園
上野駅
京成上野駅
上野広小路駅
不忍池
根津駅
東京メトロ千代田線
東京メトロ日比谷線
入谷駅
言問通り
稲荷町駅
田原町駅
東京メトロ銀座線
つくばエクスプレス線
浅草寺
浅草駅
隅田公園
隅田川
曳舟駅
とうきょうスカイツリー駅
本所吾妻橋駅
都営浅草線
押上駅
（スカイツリー前）
東京メトロ半蔵門線
小石川植物園
白山駅
都営三田線
白山通り
東大前駅
本郷通り
東京大
春日駅
後楽園駅
本郷三丁目駅
湯島駅
上野御徒町駅
御徒町駅
仲御徒町駅
新御徒町駅
蔵前駅
水道橋駅
末広町駅
秋葉原駅
御茶ノ水駅
新御茶ノ水駅
九段下駅
神保町駅
淡路町駅
小川町駅
神田駅
岩本町駅
浅草橋駅
馬喰町駅
江戸東京博物館
両国駅
JR総武線
錦糸町駅
京葉道路
新日本橋駅
小伝馬町駅
馬喰横山駅
東日本橋駅
浜町駅
森下駅
新大橋通り
菊川駅
都営新宿線
住吉駅
竹橋駅
皇居
大手町駅
三越前駅
人形町駅
都営大江戸線
清澄通り
三ツ目通り
四ツ目通り
桜田門駅
二重橋前駅
東京駅
日本橋駅
水天宮前駅
清澄白河駅
清澄公園
東京都現代美術館
木場公園
日比谷駅
有楽町駅
京橋駅
茅場町駅
霞ケ関駅
銀座一丁目駅
宝町駅
八丁堀駅
銀座駅
新富町駅
門前仲町駅
虎ノ門駅
東銀座駅
内幸町駅
新橋駅
築地駅
越中島駅
東京メトロ東西線
木場駅
東陽町駅
晴海通り
築地市場駅
月島駅
汐留駅
浜離宮
都営大江戸線
御成門駅
勝どき駅
大門駅
浜松町駅
潮見駅
芝公園駅
竹芝駅
豊洲駅
晴海大橋
日の出駅
JR京葉線
東京メトロ有楽町線
新豊洲駅
ゆりかもめ
市場前駅
辰巳駅
湾岸道路
東京モノレール
芝浦ふ頭駅
りんかい線
レインボーブリッジ
有明テニスの森駅
東雲駅

# 東京建築さんぽMAP

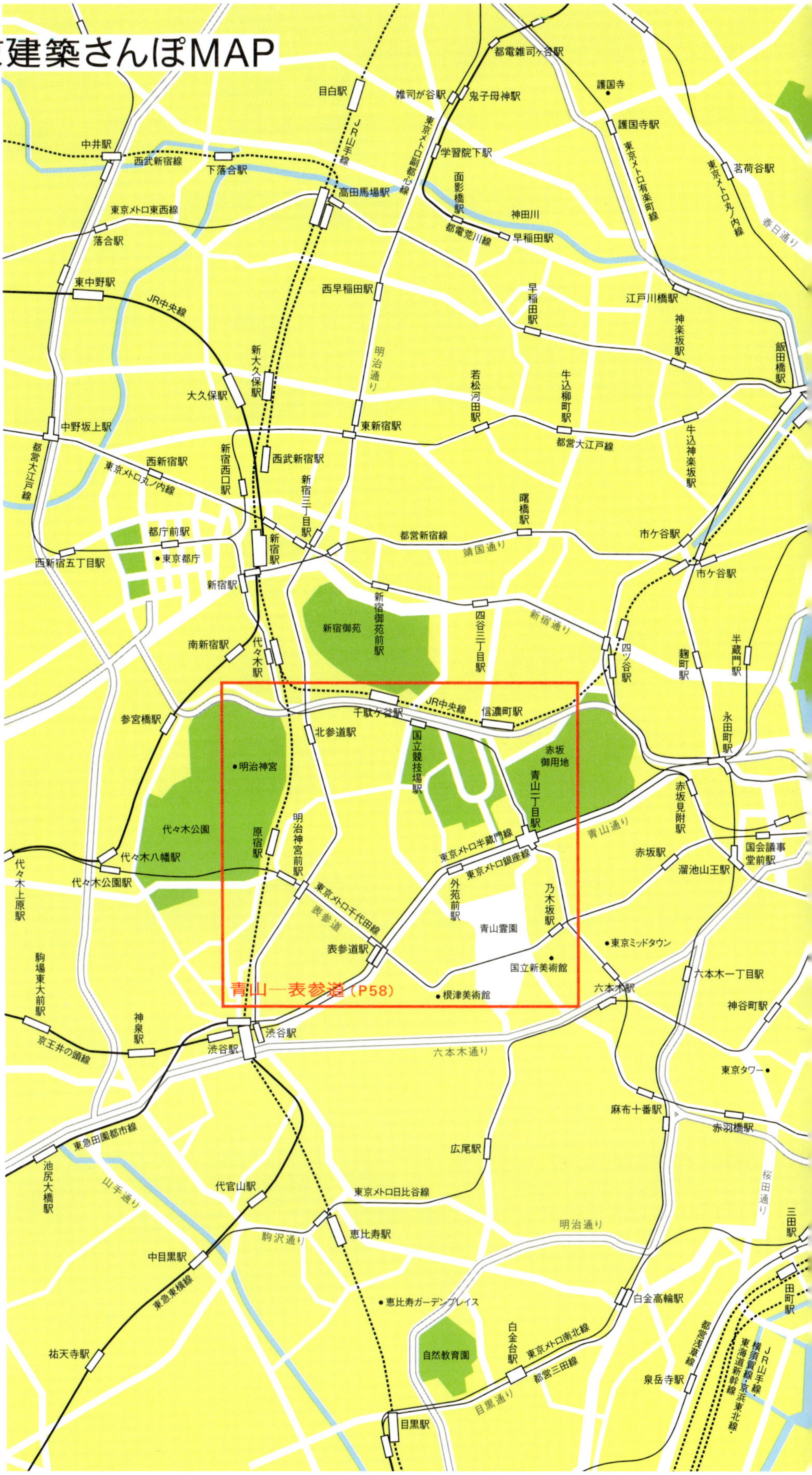
都電雑司ヶ谷駅
目白駅
雑司が谷駅
鬼子母神駅
護国寺
護国寺駅
JR山手線
東京メトロ副都心線
学習院下駅
中井駅
西武新宿線
下落合駅
東京メトロ有楽町線
茗荷谷駅
東京メトロ丸ノ内線
面影橋駅
高田馬場駅
東京メトロ東西線
神田川
都電荒川線
早稲田駅
春日通り
落合駅
東中野駅
西早稲田駅
早稲田駅
江戸川橋駅
JR中央線
神楽坂駅
明治通り
新大久保駅
飯田橋駅
若松河田駅
牛込柳町駅
大久保駅
東新宿駅
中野坂上駅
牛込神楽坂駅
都営大江戸線
西新宿駅
西武新宿駅
新宿西口駅
新宿三丁目駅
東京メトロ丸ノ内線
曙橋駅
都営新宿線
市ケ谷駅
都庁前駅
新宿駅
靖国通り
東京都庁
西新宿五丁目駅
市ケ谷駅
新宿駅
新宿御苑前駅
四谷三丁目駅
新宿通り
新宿御苑
四ツ谷駅
南新宿駅
代々木駅
麹町駅
半蔵門駅
JR中央線
千駄ケ谷駅
信濃町駅
参宮橋駅
北参道駅
永田町駅
赤坂御用地
明治神宮
国立競技場駅
青山一丁目駅
赤坂見附駅
代々木公園
原宿駅
明治神宮前駅
青山通り
東京メトロ半蔵門線
国会議事堂前駅
代々木八幡駅
赤坂駅
東京メトロ銀座線
溜池山王駅
代々木上原駅
代々木公園駅
東京メトロ千代田線
外苑前駅
乃木坂駅
表参道
青山霊園
東京ミッドタウン
表参道駅
国立新美術館
駒場東大前駅
青山―表参道（P58）
根津美術館
六本木駅
六本木一丁目駅
神谷町駅
神泉駅
渋谷駅
京王井の頭線
渋谷駅
六本木通り
東京タワー
麻布十番駅
赤羽橋駅
東急田園都市線
広尾駅
池尻大橋駅
代官山駅
山手通り
東京メトロ日比谷線
桜田通り
三田駅
恵比寿駅
駒沢通り
明治通り
中目黒駅
白金高輪駅
田町駅
東急東横線
恵比寿ガーデンプレイス
白金台駅
東京メトロ南北線
都営浅草線
横須賀線・東海道新幹線
JR山手線・京浜東北線
自然教育園
都営三田線
泉岳寺駅
祐天寺駅
目黒通り
目黒駅

もくじ

# お茶の水―神保町

カラフル＆味わい建築。

建築散歩ルート

❶アテネ・フランセ ‥ ❷文化学院 ‥ ❸山の上ホテル ‥ ❹千代田区神田猿楽町々會詰所 ‥ ❺カトリック神田教会 ‥ ❻珈琲エリカ

東京の建築を「みる・あるく・かたる」1日。今日は、昭和の建物が多く残るお茶の水界隈を倉方さんとみのりさんの2人が建築散歩。

## 東京で一番好きなアテネ・フランセ。

**みのりさん（以下、み）** アテネ・フランセは東京で一番好きな建物なんです。仕事で主婦の友社を訪れたときに、向かいの建物を見て、ひと目で夢中になって…。

**倉方さん（以下、倉）** 実は僕にとっても特別な建物で、父がアテネ・フランセでフランス語を教えていたので、物心がつく頃からよく連れてこられていたんです。当時は建築なんて意識していませんでしたが、おかげで世の中の建物は「壁に色のついているもの」と「そうでないもの」の2つに分かれると思い込んでいましたね。でも、大人になってみたら、他にこんなものはなかった（笑）。

**み** 私は「こんな建物がたくさんあれば東京の街はもっと美しくなる！」と感激して、ピンク色の建物を探してみたことがあるんです。

銀座のミキモト・ギンザ2、荻窪の大田黒公園記念館とか。

**倉**　全面的に色を使った建物って、確かに日本では少ないですよね。

**み**　南国では、ピンク色の建物が景色に馴染んでいました。ワイキキのクラシックホテル「ロイヤルハワイアン」も建物全体がピンク色でロマンチックでしたね。

**倉**　「ピンク色の建物を探したら」という捉え方、男性はあまりしないかもしれません。建物の思い出し方っていろいろあって、色で分類したら、建築にも新たなくくりができそう。

**み**　色の印象が強すぎて…。

**倉**　完成した当時、かなりセンセーショナルだったでしょうね。設計したのは吉阪隆正という建築家です。彼は1950年から2年間、20世紀を代表する建築家のル・コルビュジエに学びました。彼の建築は日本の多くの建築家に影響を与えていますが、面白いのは直接に師事した建築家だけが、ル・コルビュジエがやったように色を効果的に使うんですね。ル・コルビュジエの日本人の弟子には吉阪隆正の他に、前川國男や坂倉準三がいます。作風はそれぞれ違うのですが、みな赤・青・黄といった原色を効かせる。当時の出版物はモノクロだったから、他の人にはどんな色を使ったかまでは伝わらなかったのかな。ただ、ここまで色を展開させたのは吉阪さんくらいで(笑)。

**み**　この色は何かをイメージしているんですか?

**倉**　それ、前に『吉阪隆正とル・コルビュジエ』という本を書いたときにお弟子さんに伺いました。壁の色を決めるときに吉阪さんは日本にいなくて、アルゼンチンから「アンデス山脈に夕日が落ちる色がいい」という手紙が届いたそうです。それで想像して色を決めて送ったら「大体そんなようなところだ」って(笑)。

**アテネ・フランセ**●1962年竣工、設計 吉阪隆正。1913年創立の由緒あるフランス語学学校。文化センターにはシネマ・クラブがある。東京都千代田区神田駿河台2-11

**み**　カフェは地下だけど、窓からの景色は2階のようです。

**倉**　傾斜地を活かしていますよね。奥にあるカフェならではの落ち着きと、外に開けた見晴らしを両立させた設計。そうそう、吉阪さんは登山家でもあるんですよ。

**み**　高低差が好き?

**倉**　かもしれません(笑)。現在のアテネ・フランセの姿は何度か増築してできたもの。入口の左側のステンレスを使った部分も同じ校舎なんですよ。

**み**　え! 全く趣が違うので、別の建物だと思ってました。

**倉**　単純に統一しないよう意図したみたいです。1969年に増築した最上階は開放的で、水平ラインを強調しています。同時にできた塔は閉鎖的で垂直的です。ピカピカなステンレス部分は1972年につけ加えられました。形や質

オレンジ色で彩られたカフェ、黄色の階段スペース…アテネ・フランセは内側もカラフルで驚きがいっぱい。

COFFEE BREAK

## 名建築の中で手作りスコーンを。

氷温熟成コーヒー 300円、手作りスコーン（生クリームかバター付）220円

倉方さんが「よく連れてこられた」と語るアテネ・フランセのカフェ。当時とはカフェの形態は違うが、現在も吉阪隆正が手がける名建築空間をじっくり堪能できる。

大きく開かれた窓からたっぷりの緑と光が差し込む店内は、みのりさんが語るように「地下なのに二階みたい」。ちなみに、モダンなテーブルセットのデザインも吉阪氏によるもの。

建築散歩に疲れたら、こちらで挽きたてのコーヒーと手作りスコーンで気軽にコーヒー・ブレークを。小エビ＆アボカドなど15種類以上も揃う作りたてのサンドウィッチや、学生に大人気の日替わりサラダなどフードも充実、ワインで「ちょっと一杯…」も可能。

Lien アテネ・フランセ店 ● 東京都千代田区神田駿河台2-11アテネ・フランセB1 ⓛ11:00～19:30（土曜～19:00）日・祝休 ☎03-5281-9881

感もあえて対照的なものをぶつけて、調和させています。

**み** 調和…してるんですかね？

**倉** ギリギリね（笑）。

**み** それこそ、女性にはない発想かもしれません（笑）。

**倉** 完成した頃の写真を見ると、この建物はいま以上に目立っていたみたい。坂の上に建っているし、この界隈で大きい建物はこれだけでしたから。

**み** 御茶ノ水駅近くにある、聖橋やニコライ堂も、できた当時はインパクトがあったのでしょうね。

## 「全青色」ビルから文化学院のアーチへ。

**み** アテネ・フランセの近くで、色にちなんだ素敵な建物を見つけたんです。その名も「青色会館」、ロマンチックな建物かと思いきや、

**青色会館** ● 1969年竣工、設計者不明。青色申告会の下部組織である全国青色申告会総連合の会館ビル。東京都千代田区神田駿河台2-9

実は私も会員という「全国青色申告会」のビルなんですよね。

**倉**　本当だ。略称が「全青色」ね（笑）。緻密にタイルを貼った昭和のビルで、ビル名の書体も昔の活字みたい。よく見ると屋上の手すりが一番青々としています。

**み**　壁もベランダも青色に染まってて、可愛い…。そうだ、数年前に改築されてしまったのが残念ですが、この先にある文化学院も見てみませんか？　物語の世界に迷い込んだような場所があるんです。

**倉**　戦前からの校舎が建て替えられて、2008年にいまの建物になりましたよね。シンボルだった入口のアーチ型はいまの正門に引き継がれています。卒業生を中心に保存の声が上がり、話し合いの結果、残されたと聞きました。

**み**　改築後も雰囲気ありますね。

**倉**　以前の校舎はアーチだけじゃなくて、その先に広がる中庭や、蔦の絡まる外壁が特徴的でした。新しい建物では蔦をなくした代わりに、道路との間に木を植えたんですね。わざと整然と生やしていないのがうまいな。

関東大震災後に造られた旧校舎のアーチ部分が正門に。

**み**　入口に昔の写真が飾ってありますよ。よくロケに使われているそうです。映画やドラマだけでなく、ファッション撮影なんかにも。私、ロケ地が気になってしまう性質なのですが、昔、何かの雑誌に印象的な風景があって。たまたま前の通りを歩いていたときに「あ、あの写真の場所だ！」と気づいた（笑）。ここが大正10年に開校した歴史ある自由教育の学校であることも、そのときに知りました。

**倉**　ずっと覚えていたとはすごい。

**み**　東京大学の本郷キャンパスにもこんな感じの門がありますよね。

**倉**　そうです。「カレッジゴシック」といって、高等教育の校舎にはよく中世のゴシック様式が使われます。現在の大学の起源は中世の教会や修道院にさかのぼるとされるからですね。だから東京大学もそうですし、例えば立教大学の池袋キャンパスや、早稲田大学の大隈講堂なども大きくいえば、同じ中世風。ただ文化学院は大学ではないので、少し違う雰囲気もあ

**文化学院 正門アーチ** ● 1937年竣工、設計 西村伊作。専修学校は1921年創立、現在の校舎は2008年竣工。東京都千代田区神田駿河台2-5

って、東京大学などではゴシック様式の厳格さが出ているけど、ここでは同じ中世の様式でも、ゴシックの前のロマネスク様式のような柔らかさをまとわせています。以前の校舎も設計した西村伊作という創設者に、与謝野晶子や鉄幹も協力して、お国の学校ではない自由を求めて設立した学校ですものね。

**み**　そうか、学校の性格によって建物も変わるんですね。

**倉**　現在の建物は、そんな性格を空間そのもので継承しようとしている。アーチ型の天井をもったエントランスの階段は新しい空間だけど、柔らかな陰影が印象的で、いまの普通の建物にない雰囲気がありますね。

**み**　ロケに寛容なのは、映像教育に特化しているというのもあるかも。数年前からですが、脚本作りから上映会までを行う教育を始めたのもここが最初とか。

**倉**　じゃ、アテネ・フランセとそこでもつながるんだ！　アテネ・

**山の上ホテル**●1937年竣工、設計 一粒社ヴォーリズ建築事務所。西洋文化を学ぶための施設「佐藤振興生活館」が戦後改修され、1954年に山の上ホテルとして生まれ変わった。左上の写真の部屋は、作家・山口瞳が定宿としていた403号室。東京都千代田区神田駿河台1-1

フランセの創設は大正2年。文化学院と同じように大正時代らしい文化の気概をもった民間の学校として開校しました。いまの文化学院の建物を設計したのは西村伊作の孫で、ル・コルビュジエの孫弟子なんです。つまり坂倉準三の息子ですね。アテネ・フランセの上にあるシアターは上質なプログラムで知られていますから、この界隈には映像文化の香りも連続していることになりますね。

**み**　文化的といえばすぐそこに、三島由紀夫や池波正太郎ら作家に愛された山の上ホテルがあるではないですか！　ロビーまで歩いてみましょう。

## 山の上ホテルで「味わい」に触れる。

**み**　かつてホテルのパンフレットには「設備も清潔を極め、サービスもまだ少し素人っぽい処が実にいい」という三島由紀夫の言葉を掲載していたそうですが、山口瞳

明治大学 10号館 ● 1961年竣工、設計 山下寿郎設計事務所。東京都千代田区猿楽町1-6-1

や池波正太郎はじめ、作家の定宿でもあったというのも納得がいく風通しの良さ。

**倉**　看板に刻まれた文字も、人を緊張させない手作り感がある。

**み**　看板のロゴマークもマッチ箱やドアプレートも、遠峰健さんという画家の描き文字と伺いました。

**倉**　山の上ホテルはヴォーリズ事務所の設計ですが、人を緊張させない、いい意味で素人っぽい性格に合っている気がします。

**み**　私がヴォーリズのことを知ったのは駒井家住宅や大丸ヴィラ、東華菜館などで、京都に住んでいたとき。他にも、大阪の大丸心斎橋店や日本基督教団大阪教会、神戸の六甲山荘、静岡の旧マッケンジー邸と、ヴォーリズ事務所設計の建築物を訪ねたことも。

**倉**　ヴォーリズ事務所は教会や学校、百貨店などさまざまな種類の建築を手がけていますが、人が集まる空間を作らせるとうまいんですよね。流行を採り入れながらも、最先端の切れ味とは少し違って、どこかほっとさせるところがある。だからこそ、人の記憶を受け入れる場所になる。戦前の建築家でいえば、ヴォーリズってここ20年くらいで最も再評価された人物でしょうね。それは刺激的な最先端ではなくても良い建築というのを、私たちが理解できるようになったからかもしれない。

**み**　ここ20年の間の再評価とは意外です。ヴォーリズ事務所は建築を深く知らない女性にも馴染みのある建築事務所のひとつだと思うのですが、それだけロマンチックな佇まいだったり、暮らしにより密接した機能性が携わっているのでしょうね。山の上ホテルも、東京に住んでいながらときどき宿泊するのですが、身近な別荘という気さくさがあります。

## 明治大学校舎から、60年代ビル観賞。

**み**　ホテルの裏側に明治大学の校舎があります。特徴のない建物に見えるけど、ざわざわ胸がときめくのはなぜでしょうね。

綺麗に手入れされた60年代の建物らしいタイルとガラスブロック。

**新日貿ビル** ● 1964年竣工、設計 岩間旭／三菱地所株式会社一級建築士事務所。道路に挟まれる形で建つ日本出版貿易株式会社のビル。東京都千代田区猿楽町1-2

**倉**　「10号館」と書いてある。屋上の中折れになった屋根や、シンプルだけど割り付けまでこだわった手すりを見ると、戦後、昭和30年代くらいのビルかな。きっぱりしていて、良いデザイン。

**み**　今大学を建てたらこうはなりませんよね。私の母校、大阪芸大も昭和の大学という雰囲気がありました。クラシックというより、万博のパビリオンぽいというか。

**倉**　最近の校舎は「お客様」向けで商業施設に似ていますけれど、昔は媚びてない。

**み**　ここもやはり坂の建築ですね。傾斜がかなりある。

**倉**　錦華公園を抜けていきましょうか。ここもすごい高低差。お、公園の先にある新日貿ビルもいい。60年代のビルだな。

**み**　さっきから気になっていたのですが、倉方さんは外観を見るだけで時代がわかるんですか？

**倉**　大体わかりますよ。これはおそらく先ほどの青色会館と同じ頃のビル。職人が一個一個タイルを手で貼っていた時代の建物です。

**み**　手で？

**倉**　昔は、手間賃が安くて材料が高かったので、安い材料をいかにうまく使うかが重要だった。多少手間がかかっても柱を細くして材料費を節約するとか、デザインの労力で面白く見せるといった工夫が１９７０年頃までの建築には顕著でした。だから、ストイックさとウィットが両立していたりする。時代が下ると手間賃が高くなって

**小田急駿河台マンション**●1970年竣工、設計 小田急不動産株式会社/アタラシ建設設計事務所。鉄骨鉄筋コンクリート造、8階建てのマンション。東京都千代田区神田猿楽町1-4

くるので、そこまで材料を削ったり、デザインを研ぎすませなくても…、となりますが。

**み**　この辺りには60年代の建物がたくさん残ってそうですね。きっと建築史的には語られそうにない無名のビルでも十分魅力的だし、私には個性的に見えます。

**倉**　そうですね。いわゆる有名建築家の名前がついていなくても面白い戦後の建物は街中にあるじゃないかと、僕らの世代くらいから感じる人が増えてきている。堅そうな会社の社屋でも、階段の手すりなどが面白かったりしますよ。昔は規格品があまりないので、デザインの自由度が高い。

**み**　そうか、手すりもデザインのひとつなんですね。

**倉**　メインの部屋はクライアントの意向もあるので、あまり勝手にできない。でも、手すりまで口出しする人はいないでしょう（笑）。手すりって立体的だし、機能も無視できないけれど、美的でもある。実はデザイナーが腕をふるえる部分なんです。

**み**　へえ、今までそういう目で手すりを見たことがなかった。確かに、いまの手すりはどれも同じ形かもしれない。

**倉**　アテネ・フランセの手すりも原寸設計図を描いて、独特の形に仕上げています。この時代のビルは、手すりに注目してみて。

**み**　手すりに注目（笑）。あ、この道沿いにあるあのマンション、可愛い。昔の少女漫画に出てきそう。小田急駿河台マンション…。

**倉**　こちらは70年代のマンションかな。この頃になってくると、規格品が登場し始めて、自社でパーツを作るようになるんです。例えば秀和マンションなんかは、ベランダがみな同じ形ですよね。

**み**　ああ、枠がアーチ状の。

**倉**　会社でデザインし大量生産して、自社のマンションに応用する。一品生産の時代から、工場で注文生産するようになって、さらに後になるとメーカー主導の規格品が流通するようになる。自社の一品生産であれば、割に特徴的な形をしていても、型は同じなのでコストはそんなに変わらずに特徴が出せるんです。

**み**　なるほど。謎が解けました。

## カトリック神田教会の素朴な魅力。

**み**　カトリック神田教会に到着。ここ、よく残りましたよねえ。

**倉**　マックス・ヒンデルの作品ですね。スイス人建築家で、上智大学1号館なども手がけました。

**み**　ここはどんな特徴が？

**倉**　オーソドックスな教会のスタ

イルをとっていますが、昭和初期のモダンな感覚を反映して、よく見るとそれほど装飾が多いわけではない。3連のアーチやロンバルディア帯と呼ばれる繰り形などで教会らしさを出しながら、基本的には箱型の組み合わせでバランスをとっています。日本の教会建築も面白いですよ。見た目はいかにも教会という感じでも、中に入ってみると、意外と違いがあって。

**み** 好きな教会ってあります？

**倉** 同じマックス・ヒンデルの設計で、宇都宮にカトリック松が峰教会があります。産地が近いので、大谷石をふんだんに使っている。外観は古典的な荘厳さですが、礼拝堂に入ると2階なのに地下のような不思議な空間が広がっていて、原初的というか、石の生々しさが伝わってきます。教会ってきれいに整えられた感じが多いですが、石そのものの野性味に語らせていて、印象的でした。

**み** 行ってみたいな。私はアントニン・レーモンドの、テトリスみたいなステンドグラスがある東京聖十字教会にはキュンとします。

**倉** ステンドグラスで思い出すのは、埼玉県入間市の入間宮寺教会ですね。1910年にできたカトリック教会ですが、いまだに現役。室内は畳敷きで、畳をタテに敷いた中央部を通路、両脇のヨコに敷いた畳を座席にしています。床の間のような祭壇はきれいに整えられていて、教会を造るときにフランスから取り寄せたという小さなステンドグラスから一筋の光がすーっと入って…。建物としては素朴ですけど、胸を打ちます。

**み** 信仰の場は、建築当時のまま残されているところも多いから、旅先の地図で教会マークを見つけると、見に行ってしまいます。

## 絵になる交番と名物蕎麦屋。

**み** 千代田区神田猿楽町々會詰所。

**カトリック神田教会**●1928年竣工、設計 マックス・ヒンデル。東京都千代田区西神田1-1-1

ルネサンス様式とロマネスク様式を融合させた美しい教会。

昔の交番ですよね。ここ、『空気人形』という映画にも出てきましたが、絵になる風景ですね。

**倉** 関東大震災後に造られた鉄筋コンクリートの交番ですね。三角形の敷地に合わせた小さな建物ですが、2階建てなのが新しい。当時の交番は、月島や本所にも残っていますよ。

**み** 倉方さんは必ず建物の裏側も見るんですね。一体何を見ているんですか？

**倉** 建物は裏側も面白いんです。正面とは窓の高さが違ってたり。

**み** へえ…これまで正面からしか

千代田区からのお知らせ

千代田区
神田猿楽町々會詰所
景観まちづくり重要物件

見ていませんでした。

**倉** 表、裏もですが、建物に近づいて見たり、遠くから眺めたりしても、それぞれ発見があります。

**み** 向かいのお蕎麦屋さん、冨多葉も古そうな建物ですね…。

**倉** 江戸時代、伊豆の長八って人が有名にした鏝《こて》絵という技術があるんですが、漆喰とか塗り物、左官って万能なんですよ。ここの戸袋のも、流れちゃってるけど草か花の柄でしょうね。

**み** 本当だ、目をこらすとわかる。

## 角地ならではの喫茶店、エリカ。

**み** 最後に私の好きな喫茶店で一休みしていきませんか。小さくて、手作り感があって、とても愛らしい建物でもある珈琲エリカです。近くに姉妹店があったのですが、数年前に閉店してしまって。背もたれがハート型にくり抜かれた椅子があったり、内装もすごく愛らしかったんです。映画『珈琲時光』に登場するので、映像として残されているのがせめてもの救い。

**倉** ほう、このお店は初めてです。

**み** ついたてなど、インテリアも、角が丸くなっているところが安心できる。女性ってカクカクしたデザインより、丸みを帯びているほうが好きなのかも。

**倉** コースターもオシャレですね。建築家の村野藤吾さんは、こういうコースターをとっておいたり、広告に出てる女性のハイヒールの形なんかも建築の発想の素にしました。街中のちょっとしたものにヒントがある。

**み** 逆に建物のデザインに着想を得てモノが生まれることもあるんです。以前沖縄を旅したときに、現地の建物を見て、それを雑貨にするという仕事をしました。沖縄の家のバルコニーの格子模様がすごく可愛くて、写真を撮って、それを元に便せんを作りました。日光金谷ホテルのメインダイニングの木目をデザインの参考にしたこ

**千代田区神田猿楽町々會詰所**●1930年竣工、設計者不明。ロケ地としてもよく知られ、テレビや映画の交番として度々登場。東京都千代田区猿楽町2-3-5

**冨多葉**●1947年竣工、設計者不明。錦華通り、創業大正6年の蕎麦屋。東京都千代田区猿楽町2-2-9

角地のため、入口は隅切りされている。ビルに囲まれつつ踏ん張る様子が印象的。

とも（笑）。ここのお店のディテールも、雑貨にできそうだなあ。

**倉** 椅子のモチーフも柔らかい、中世的な良い拙さがある。

**み** 今日は半日かけてゆっくりと建築を見て歩きましたが、こうやってお茶を飲みながら、あれこれ建物の話をするというのも楽しいものですねえ…。

**倉** そうですね。建築の話って、どこまでが建築の話かわからなくなるところがあって、そこが面白いですよね。今日は建築の色から始まって、設計者、様式、建設年代、教会や派出所といったビルディングタイプ（建築の種類）について語らいましたが、いつの間にか目の前の建物以外の話につながっていました。様式や建設年代といったことは、孤立したスペックではなくて、そこからどっち方向に物語が引き延ばせるかというフックのようなものだと思います。だからこそ、単体の建物から複数の物語が編めるんですね。それが楽しい。「みる・あるく・かたる」ってセットなんじゃないかな。**東**

ロッジのようなデザインの建物。たばこを売るための小さな窓が付くなど、随所に工夫がこらされている。

**珈琲エリカ**● 竣工年、設計者不明。神保町で長く愛される喫茶店。モーニングセットもある。東京都千代田区神田神保町1-32-3

COLUMN: 倉方さんのお気に入り

# 芸術家の夢の競演、ホテルオークラ東京。

次に重要文化財になるべき東京の建築は？ そう聞かれたら、ホテルオークラ東京をイチオシします。1962年の開業だから、本館は完成から50年。50年というのは、国の重要文化財指定を受けるひとつの目安。初めて重要文化財となった戦後建築は、2006年に指定された広島の世界平和記念聖堂（1954年完成）と広島平和記念資料館（1955年完成）。前者は村野藤吾、後者は丹下健三の設計だ。ここから戦後が復興し、日本の建築家も活躍していく。そんな起点として価値が認められた。

それに対し、ホテルオークラ東京は高度成長期のど真ん中。東京オリンピックに向けて「国際社会に恥ずかしくないよう」急ピッチで建設を進めた時代に誕生した。

ホテルは利便性だけの存在ではなく、いわば公共の邸宅。ホテルを通して、私たちは初めて訪れた都市やリゾートであっても、その土地に関係をもつことができる。逆にホテルがなくなったとき、私たちは歴史や都市さえ見失ってしまうだろう。ホテルオークラ東京は帝国ホテル、ホテルニューオータニと並び「東京ホテル御三家」といわれる。外資系高級ホテルが次々と開業したいまでもトップであり続け、創業から繋がる独自のストーリーにあふれている。

ホテルオークラ東京は特別だ。まずはその立地。この静かな高台の土地は、元大倉財閥の創始者・大倉喜八郎の邸宅。敗戦によって公的な栄華を全て失った息子の大倉喜七郎が私財を投じ、「オークラ」の名の下に、かつてないホテルとして創設された。次に、建物のデザイン。帝国ホテルのような洋風ではなく、和風の粋を尽くすべく、谷口吉郎、小坂秀雄といった当時の一流建築家や芸術家を起用した。発展を遂げて「和」の良さをみなが語るようになった90年代以降ならばともかく、近代化に邁進した高度成長期に、海鼠壁や屏風絵に根ざしたモダンデザインを試みるとは、なんという冒険か。

さらに特筆すべきは、いまも50年前のデザインを継承し、ほぼ当時の素材を使い続けていること。外観やロビーはもちろん、この頃の建物らしい低い天井やレトロな案内表示板も味になっている。いいものを使い続け、手入れが行き届いているからこその落ち着きと、安定したサービス。自分ももう大人になってしまったけれど、子供の頃に思っていた大人とは、こういう空間にふさわしい存在だった。自分はそんな大人になれたのだろうか…。流れ去るだけではない、居住まいを正してくれる東京がここにある。

ホテルオークラ東京は、戦後の建築が幕末からの物語に根ざしていることも教えてくれる。そうした物語は正しく引き継がれた建築そのものがなくては、説得力を持たないのです。

❶ 梅小鉢と呼ばれ、上から見渡すと漆のテーブルと椅子が満開の梅花を描く美しいロビー。切子玉形をモチーフにしたオークラランタンも見どころ。 ❷ 別館ロビーには、棟方志功原作の鷺が描かれた屏風型壁面が。 ❸ 和瓦と白いタイルを貼り込んだ海鼠壁仕上げの純日本風の外壁。

**ホテルオークラ東京 本館**● 1962年竣工、設計 ホテルオークラ設計委員会（谷口吉郎／小坂秀雄／清水一／岩間 旭／伊藤喜三郎／他）。東京都港区虎ノ門2-10-4

# 向島—浅草

東京スカイツリーが照らし出す街。

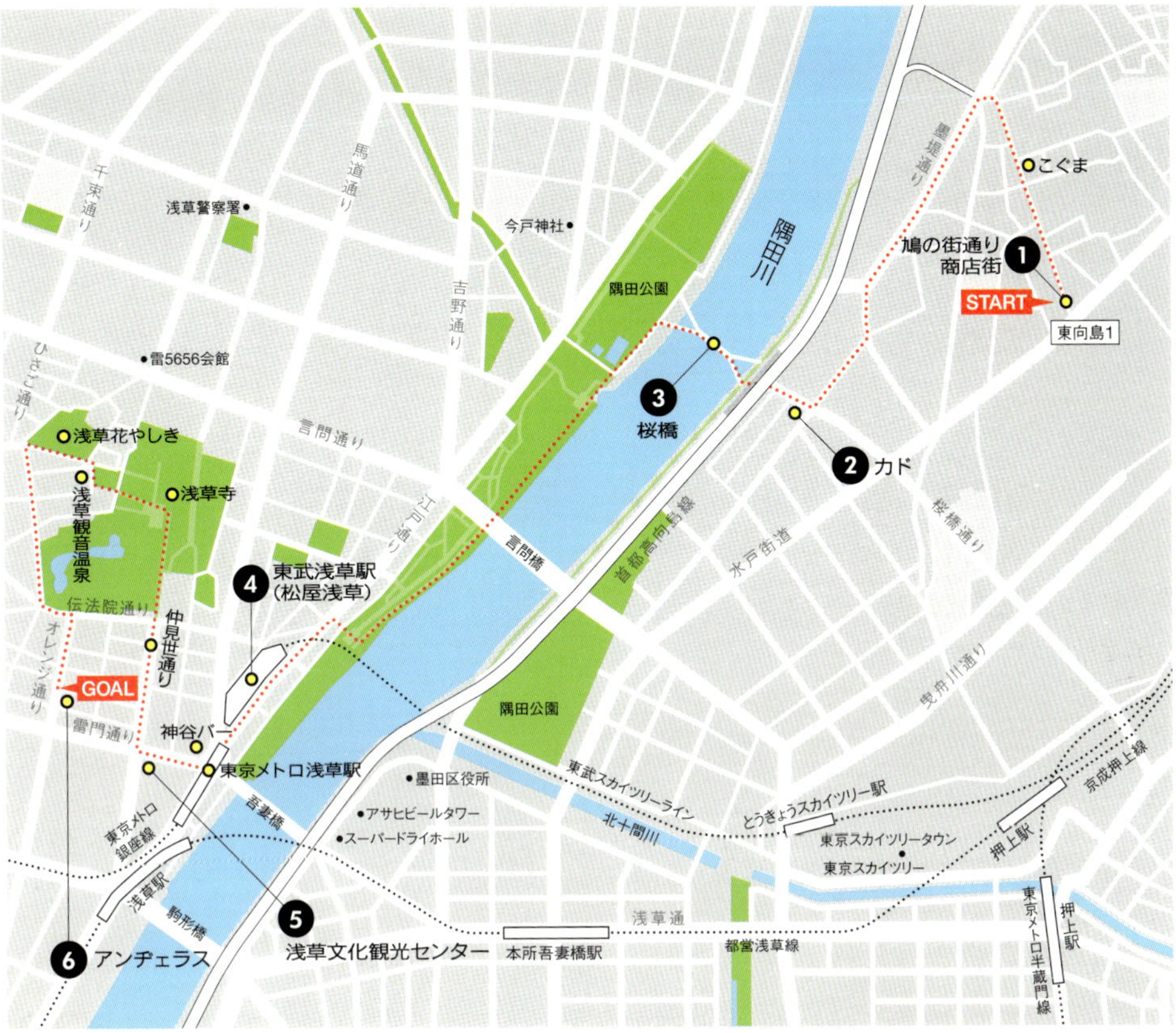




建築散歩ルート

1 鳩の街通り商店街
2 カド
3 桜橋
4 東武浅草駅（松屋浅草）
5 浅草文化観光センター
6 アンヂェラス

昭和3年から続く古い商店街から、今年浅草に登場した最新高層建築までをてくてく建築散歩。常に東京スカイツリーが視界に入る街を、倉方さんとみのりさんが歩きます。

## 鳩の街商店街で遊興の地を偲ぶ。

**み**　さて、今日は向島の鳩の街通り商店街からスタートです。

**倉**　実はこの辺りを歩くのは初めてで、みのりさんから解説お願いできますか?

**み**　かつて浅草近辺では、酒場を装いつつ売春をしていた「銘酒《めいしゅ》屋《や》」が流行したのですが、関東大震災後に現在の東向島に移り、玉の井という私娼街になった。その様子は永井荷風『濹東綺譚《ぼくとうきだん》』や、滝田ゆう『寺島町奇譚《てらじまちょうきたん》』にも描かれています。東京大空襲の後に焼け残った土地に移転し、売春防止法が施行されるまで赤線地帯として繁栄した。それがここ、鳩の街。

**倉**　なぜ鳩なんですかね? でも、確かに街が鳩っぽい(笑)。小さくて、弱々しくて、チャーミングで。お、看板建築も残っている。木造の表面に銅板を貼って洋風っ

卸
洋食の

第68回
国民体育大会
スポーツ祭東京2013
墨田区

ぽい仕立てにした庶民のモダン建築ですね。2軒並ぶのが「洋傘製造卸」と「洋食屋」というのもいいなあ。関東大震災後に普及した庶民の「洋」が生きているようです。

**み** 向島の高級花街とそんなに離れてないのに、全然景色が違う。迷路のように入り組んだ路地に、戦前からの木造やモルタル建築があったけど、この何年かでだいぶ取り壊されたみたい。

**倉** ああ、どこにでもあるようで、いなくなると寂しい感じも「鳩」なのか。ここの建物もそんな可愛さですね。

**み** これがいわゆるカフェー風建築。赤線時代、警察の指導でカフェー風に改めた銘酒屋が、いまも商店や民家として利用されていて。

**倉** ベランダが流線型のような曲線で、ジグザグ。1920～30年代に最先端の風俗だったアールデコの末裔だ。

**み** 壁に貼られてるのは豆タイルですよね？ ピンクやライトグリーン、色合わせが可愛らしい。一目では気がつきにくいですが、意識してみると辺り一帯には決して普通の民家ではありえない意匠が残っていて。建物の表面を愛らしく飾るのも、非現実世界への入口を示している感じがします。

**倉** 最近聞かなくなった言葉でいうと「盛り場」。古い飲み屋街や温泉街にある盛り場建築がここに保存されている。機能的な意味は特にないけれど、鋭角的なデザインにしたり、ピカピカした素材を施したり、当時の最先端のファッションをまとわせて、「遊興の場所」って記号になっている。

**み** 確かに温泉街みたい。あ、昔の薬屋をカフェにしたこぐまが見えました。この店がきっかけで、鳩の街を訪れる若い方が増えたそう。薬屋の棚をそのまま利用したり、ところどころ昔の面影を伝えています。散策のとき、食事やお茶をするのにおすすめです。

**倉** 中学校の机や椅子をもち込んでいるんですね。インテリアも街のこぢんまりしたスケールに合っ



警察の指導により旧赤線地帯の建物はすべて洋風に。円柱やタイルを使い、「カフェー風」に改築した銘酒屋の建物が残る鳩の街界隈。

てる感じ。

み　さあ、商店街の端まで来ました。西へ行くと浅草へ、さらに北へ進むと向島百花園。この界隈は「長命寺桜もち 山本や」、「言問団子」、「向じま志満ん草餅」、「青柳正家」と、老舗の和菓子屋さんがいっぱい。

倉　有名なお店ばかり。

み　向島にあるカドという喫茶店の建物もすごいですよ。志賀直哉の実弟の志賀直三が設計されたそうです。レリーフや照明、壁を飾る絵画も昭和遺産という趣で、「活性ジュース」というミックスジュースが名物です。

倉　川沿いの遊興の場所っていいですよね。水からのアプローチで遊びの場に行く風習が昔はあった。江戸時代から、水辺は少し日常から離れて羽目を外す場として存在してて、それが向島の料亭にも続いています。

み　大阪の飛田新地にある元遊郭が、いまは「鯛よし　百番」という料理屋として営業してますが、玄関を入って客室に向かう前に、中庭にかかる橋を渡るんです。橋のこちら側が現世で、あちら側が浮世、橋が境界線だとお店の方に教えてもらいました。

倉　水は良いも悪いものみ込んで流れていく、みたいなね。水ってきれいでもあるし、人間の体を流れるドロドロしたものでもある。唐突かもしれないけど、水辺に来たり、さっきのような昔の最先端建築を見ると、僕は「風俗」って言葉を思い出すんだよね。元は流行というくらいの意味でしょうけど、俗っぽくて、風や水のように儚い感じがそこはかとなく漂っていて。鴨長明の『方丈記』に「行く河の流れは絶えずして、しかももとの水にあらず」という有名な一節があるけど、逆にいえば、そのときどきで違う水を通じてしか大河を捉えられない。それが風俗。いまと違う「盛り場」から、そんなことも連想しました。

み　では、隅田川を渡り、料亭街からもうひとつの盛り場、浅草方面へ。普段はあまり通らない桜橋を渡ってみましょう。

COFFEE BREAK

## 独創的な空間で活性ジュースを一杯。

　みのりさんがよく訪れると語る喫茶店カド。「季節の生ジュース・くるみパン」というレトロな文字の看板に誘われ中に入ると、彫刻や絵画、床のスペインタイルなど、隅々まで装飾が施された空間が！　設計者は志賀直哉の弟、直三氏。昭和33年の創業当時より提供している黒ぶどうのジュースやくるみパンなど看板で紹介される品も美味だが、初来訪ならば昭和50年頃に開発したという名物「活性ジュース」をぜひお試しあれ。

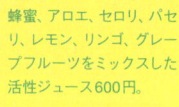

蜂蜜、アロエ、セロリ、パセリ、レモン、リンゴ、グレープフルーツをミックスした活性ジュース600円。

カド●東京都墨田区向島2-9-9
11:00～21:00　月曜休　☎03-3622-8247

28

創業当時から使い続ける豪華なシャンデリアも志賀直三のデザイン。他東京藝大の学生、
先代、いまの店主など芸術を愛するさまざまな人が手を加え、唯一無二の空間ができあがった

## 東京スカイツリー横目に隅田川沿いを歩く。

**み** この辺りを歩いていると常に視界に東京スカイツリーが入ってきますが、近くだと思ったより高く見えないんですよね。

**倉** 同感。ずいぶん遠くからも大きく見えるので、近くに来たらさぞ圧倒されるかと想像していたんだけど…600m以上あるなんてウソでしょう?(笑)

**み** 私も、アサヒビールタワーの22階にあるスカイラウンジから正面に見たときは、ものすごく高いなって驚きましたが…。東京タワーのほうが下から見上げたときに高く見える。この違いは…?

**倉** 少し待って、考えてみますから…(笑)。ひとつは技術的な違いじゃないでしょうか。東京タワーの部材は、私たちが風景の中で見慣れた鉄骨とそれほど変わらない。だから逆に、日常とどれだけかけ離れているかが直感的にわかる。でも、東京スカイツリーは日本が誇るハイテクノロジーを駆使してるから、身のまわりよりどれくらいすごいのか把握できない。

**み** 比べるものがないから…?

**倉** そう。実際にはツリーを構成するパイプのような部材は相当の太さだし、技術も高度だけど、それがツリーの世界で完結して、人間の感性がついていけていない。あと比較できるような高層ビルが近くにない。近景・中景・遠景でいうと、いわば中景が欠けた風景。

**み** 確かに、周囲の風景も東京タワーの環境とは違いますね。

**倉** 東京タワーができた1958年頃の写真を見るとタワー以外に高い建物がなく、東京という街が地形なりに広がってる。その頃に思いを馳せるのも一興かも。

**み** いまとなっては地形を感じられるのは川沿いくらいですが…しかし、隅田川沿いを歩くのは気持ちがいいですね!

**倉** 向島のような遊興の場が秘めやかな「裏」だとすると、ここは「表」の川沿い。隅田公園は、日本初の本格的なリバーサイド公園として関東大震災後の復興事業で造られました。西洋的で健康的だけど、旧水戸徳川藩の日本庭園を

**東京スカイツリー**●2012年竣工、設計 日建設計。眺める場所によりさまざまに表情を変えるツリーの姿に注目。東京都墨田区押上1-1-13

取り込んだり、江戸情緒もある。

**み**　そういえば、招き猫の発祥は豪徳寺など諸説ありますが、近くの今戸神社もそのひとつ。オスとメス、2匹のネコが一緒になった招き猫は、いまでは恋愛成就の神様として有名で、女性が列をなしているそうです。浅草駅から結構距離がありますが、こうして隅田川沿いを歩くといいですね。

**倉**　ほら、ここから見ると東京スカイツリーも違って見える。左右非対称な側が明らかになって、見返り美人のようです。「どや」って感じじゃないのが、江戸情緒ですかね（笑）。

**み**　ああ、確かにごちゃっとした風景越しに見る東京スカイツリーはチャーミング（笑）。さっき見たツリーは優等生すぎたんですね。風景の中に何が入ってくるかで、こんなにも表情が違って見える。

**倉**　単体で直視するより、ふと見えた東京スカイツリーのほうが魅力的でしたね。

**み**　そろそろ、いまや浅草名物といえる高層ビル群が見えてきますよ！　ビールジョッキに見立てたアサヒビールタワーと、フィリップ・スタルクのスーパードライホール（1989年完成）。倉方さんはどう思われます？

**倉**　バブル時代の雰囲気を、よく建築として残してくれたと思います。スカイツリーは「空気を読んだ」優等生だけど、昔は「イタいやつ」になることも恐れなかったんだなぁ（笑）。みのりさんは？

**み**　最初は「ん？」という感じだったけど、いまは好き。ユニークなビルが並ぶ風景に可愛げを感じるようになりました。最近では背景に東京スカイツリーがそびえ、突拍子ないというか、無敵の景色が完成しましたね。

**倉**　まさに。あれが見えると浅草に来たと実感できます。

**み**　あ…言問橋。この橋は女性的に見える。色の印象ですかね。

**倉**　連結部分のリベットは、逆に男心をくすぐる格好良さ（笑）。以前、映像で見たことがあるんですが、言問橋は、昔のすごい職人技を駆使して造られたんです。

2012年に外観の改修を終え、80年前の姿が甦った。

**東武浅草駅／松屋浅草**●1931年竣工、設計 久野節。百貨店から鉄道が発車！　夜には時計塔のライトアップも。東京都台東区花川戸1-4-1

## 松屋浅草と日本初の地下鉄駅。

倉　松屋浅草が見えてきた。あまり語られないけど、好きな建物です。1931年に開業した東京で初めての本格的なターミナルデパートで、大阪の南海電鉄難波駅と同じ久野節《くのみさお》が設計を手がけました。難波駅は駅前広場に面していて立派ですが、こちらは正面が狭いですよね。でもその分、これこそ駅と百貨店を合体させたターミナルデパートって形に見えます。人々を正面からのみ込んで百貨店を通過させ、後ろから鉄道がガタゴトと発車して橋を渡る。量やスピードがまだ目に見えた昭和モダンの遺産です。

み　髙島屋と一体化している難波駅ですね。駅と百貨店が一緒になったのは他にもありますか?

倉　本格的なものは1929年に開業した阪急百貨店がハシリです。平日の電車通勤客以外に、休日も客を逃がさず、買い物も自分の店でしてもらおうという昭和戦前の発明品。阪急百貨店は人寄せのために豪華なレストランを最上階に造った。かつてのデパート名物といえば、レストランと屋上遊園地だけど、屋上遊園地はこの松屋浅草が流行らせたんですよ。

東京メトロ浅草駅● 1927年竣工、設計 今井兼次/大倉土木。東京都台東区浅草1-1-3

神谷バー● 1921年竣工、設計 清水組。東京都台東区浅草1-1-1

み　昔はデパートの屋上に観覧車があって、その姿が好きだった。

倉　駅のほうは、改札は2階。切符売り場が1階で、人の動きが立体的に構成されています。

み　へぇ~。そういう目で見たことがなかった。そうそう、浅草地下商店街も面白いですよね。あそこも古いんですか?

倉　現役の地下街としては日本で2番目に古いそう。地下鉄駅の拡張に合わせて、新仲見世商店街の有志が1955年に開業させました。日本初の地下鉄が浅草~上野間にできたのが1927年。現在

の東京メトロ浅草駅4番出口に当時からの屋根があるので、見にいきましょうか。

**み** …確かに屋根が…。

**倉** 設計したのは今井兼次という早稲田大学の教授も務めた建築家。駅を造る前に地下鉄視察のためベルリンなどに行ったそう。

**み** なぜベルリンへ？

**倉** 当時のベルリンの地下鉄は最先端技術を駆使して国の力も誇るものだった。少し後だけど、当時のソ連の地下鉄も豪華です。日本で匹敵するのは1933年に開業した大阪の御堂筋線で、地下空間ならではの華やかさがある。それに比べると東京の地下鉄は少し見劣りしますよね。そんな中で浅草駅の入口は、和風に当時のモダンデザインを取り入れて頑張っている。駅の正面の鉄格子は「地下鉄入口」の文字を図案化したものって知ってました？

**み** 全然知らなかった！ いままでこの駅は昔風に造られた建物だとばかり思っていました。

**倉** 和風の屋根にしても、軒先の部材まで細かいカーブが施されてる。これ、当時の鉄筋コンクリートの型枠職人の仕事ですね。

**み** まさに職人技。すぐ向かいには、日本で初めてのバー、神谷バーが。創業は明治で、このビルは大正時代からだそう。浅草の1丁目1番1号、この地で変わらず続いているのはすごい。1階にカウンター式の売店があって、中に入らずとも名物「デンキブラン」や絵葉書、風呂敷などのお土産が買えるんですよ。

**倉** 東側に広がった東京の人口を集める交通の要衝で、最先端の商業地。当時の浅草が新しい街だったことがよくわかります。

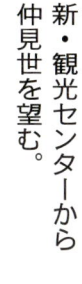

## 新・観光センターから仲見世を望む。

**み** 今度は最新の建物、浅草文化観光センターへ。私、入るのは初めてです。地下から8階、最上階には喫茶室と展望テラス！

**倉** 2008年に行われた公開コンペで300近い応募案の中から選ばれて、2012年に完成したんですよ。建築の良し悪しは設計者の責任ですが、僕は裏方の台東区を褒めたい。雷門前という大事な場所だと意識して、議論を呼ぶだけの質のものを公開で選び、実現までサポートする。当たり前のようだけど、意外に難しい。

**み** わあ、どの階に行っても外とつながっている感じ。

**倉** 屋根を重ねたような外観にまず目がいく。でも、それが見せかけだけじゃなくて中に入ると効いてきます。ビルって普通は同じよ

**浅草文化観光センター** ● 2012年竣工、設計 隈研吾建築都市設計事務所。8階の展望テラスは浅草の隠れ人気スポット。東京都台東区雷門2-18-9

雷門
三定
"KARAKUCHI"
ASAHI BREWERIES LIMITED
ASAHI
DRAFT BEER
SUPER
"DRY"
Asahi
生
スーパードライ
生ビール
Asahi
SUPER
"DRY"
かぜに
改源
カイゲン
アオノヤ

GRAND OPEN
THE GATE HOTEL
HULIC
HOTEL・Ryokan
ホテル雷門
ホテル雷門

観光案内カウンターやチケット販売、外貨両替所が機能する浅草文化観光センター。

浅草観音温泉 ● 1957年竣工。設計者 不明。東京都台東区浅草2-7-26

うな床の繰り返しを連想するけど、これは各階ごとに違った空間が積み重なり、その意味では「ビル」じゃない。ガラス張りで、床や天井が外に向かって下がってるので、中にいてもポンと街に投げ出されたような開放感がある。しかも、その先は浅草のごちゃごちゃした街だから安心するんですよね。元々敷地が広くないので、普通のビルのように造ったらずいぶん狭く感じたと思いますよ。

**み**　わ、仲見世を正面から眺められる。初めての風景です。

**倉**　細かい素材の集まりのような全体構成も、浅草の肌に合ってる。空間もどーんと大きくなくて、公共の建物というより、商業建築みたいですね。外壁のルーバーや室内の天井のように部材も小分けにしているので、ピカピカした異物感が薄い。豆タイルのような、庶民の可愛い感覚と断絶してないんじゃないかな。

**み**　私はよく「レトロなものが好き」と誤解されるのですが、そうとは限らないのと同じですね。古いから・新しいからではなくて、時とともに味わいを重ねていけるものに惹かれるんです。……さて、展望テラスに到着。ここの金網、可愛いなあ。カーテンなど細部がことごとくオシャレですね。

**浅草寺 本堂**●1958年竣工、設計 清水建設。2010年にはチタン瓦を用い、大規模改修が行われた。東京都台東区浅草2-3-1

浅草花やしきでくるくる回る「お菓子の家」。

**倉**　建築の設計は隈研吾ですが、カーテンは安東陽子という布のデザイナーに任せているんです。彼女の特注カーテンが、写真には写らないような空間の感触を決定しています。少し前までの建築家は自分で何でもデザインしようとしたものだけど、最近は必ずしもそうでないほうがいいという気づきがあるみたい。

**み**　ここのカフェも捨て難いけれど、すぐ向かいにある紀文の喫茶室もおすすめ。昭和的な味わいを感じられるお店です。

## 仲見世通りから浅草観音温泉へ。

**倉**　みのりさんはよく浅草に来られますか?

**み**　父が浅草生まれで、事あるごとに来たがるんです。あと、毎年7月にほおずき市に来ます。ほおずきと一緒に境内でビールが飲めるんですよ。それが最高(笑)。

**倉**　何時ぐらいの浅草が好き?

**み**　17時頃から開く酒場が多いから、夕方に一番客として訪れて、さっと飲んで早い時間に帰るのが好き。浅草までは浜松町から、水上バスに乗っていくと楽しいですよ。さて、浅草寺まで来ました。建築的に意識したこと、ないなあ。

**倉** 観光客にとって、東京のシンボルのひとつが浅草寺。都内で一番古いお寺だから、伝統の代表というのは間違ってないけれど、近代の「東京」の象徴でもあるんです。例えば、伝統的な店構えの仲見世も、よく見れば鉄筋コンクリート造。完成したのは関東大震災から1年後の1925年なので、鉄筋コンクリート造としては文化財級の古さです。しかも、それ以前の建物はレンガ造で、木造からレンガ造2階建てに建て替わったのが1885年。文明開化のモダン建築のひとつだった。

**み** そうなんですね。雷門は？

**倉** 雷門はその頃なくて、幕末に焼失したきりだったのを戦後、約100年ぶりに復活させたのが現在のもの。東京大空襲で焼失した本堂は、その2年前の1958年に再建され、同じ年にできた東京タワーと共に、戦後復興の象徴となったんです。浅草寺は1868年の明治維新、1923年の関東大震災、1945年の東京大空襲・敗戦という近代の東京の節目を刻みながら、庶民のシンボルとしての存在感を増していった。本堂を再建したときに天井絵を川端龍子と堂本印象が描いていますが、これもわかりやすい巨大さで、キッチュで好き（笑）。

**み** 龍子が「龍之図」、印象が「天上之図」かあ…。それでは日本最古の遊園地、浅草花やしきへ。途中通りかかる浅草観音温泉は、浴場の壁が人魚のタイル画になっていて、情味があるんですよ。

**倉** 仲見世の賑わいとはまた違う、戦後の浅草が温存されてますねえ。

**み** ある雑誌で「乙女の建物案内」の企画を担当したとき、ピンク色の建物を紹介したんです。浅草花やしきの中にある「お菓子の家」という乗り物を選んだら、編集者に「これ建物じゃありませんよ」と却下されて（笑）。でもちゃんと家って書いてあるし、すごく可愛いと思うんですけど！　お菓子の家と看板が掲げられた小屋がただ上下するだけなんですが。

**倉** 上下するだけの家（笑）。

## オレンジ通り商店街と名喫茶アンヂェラス。

**み** さて、最終目的地、アンヂェラスに到着。池波正太郎『散歩のとき何か食べたくなって』で知った喫茶店で、「ダッチコーヒー」発祥のお店です。お年を召した紳士がひとりで甘いものを頬張っていても違和感がなく、私は逆に、ここではハイボールを注文します。段差の多い複雑な構造、壁の装飾…独特の空間です。いまこういうのは造れないでしょうね。

**倉** 話し声や人の気配がどの席でも感じられるし、ガラス窓越しに外の雰囲気も窺える。吹き抜けや踊り場もあり、密閉されてる感じもない。椅子、テーブルの間隔も絶妙で、適切な距離感です。

**み** 狭いはずなのに居心地が良いのはそのせいですね。

**アンヂェラス**● 1946年創業、設計 藤井五朗。名は聖なる鐘の音の意。東京都台東区浅草1-17-6

倉　さっきの浅草文化観光センターも立体構成がうまいと思った。いまはコンピューターが発達したので、実際にものができる前に空間の雰囲気をある程度シミュレーションできる。図面では読み切れない、作りながら考えていくしかなかったような人間の感覚に、技術が寄り添っていけたらいいな。

み　「聖なる鐘の音」という意味の店名を受けて、天使の輪のように丸い蛍光灯を重ねているとか。

倉　これは斬新ですね。即物的で

植物的…早口言葉みたい（笑）。

み　ごちゃっとしてるけど調和してる感じがします。

倉　浅草の居心地の良さってそれですよね。あと、物や空間のサイズが小さいから、大事に使おうとして所作が自然と良くなる。目に見えるデザインは伝統的でなくても、日本的といえるのかも。

み　ああ、納得！

倉　今日は散歩中に興味を抱いたら奥へ入ってみたり、曲がったりして、感じとれるものがたくさんあった。一望しただけではわからない面白さ、写真では伝えづらい良さに満ちたエリアでした。

み　改めて、建物って性格とか表情がいろいろあるんだなって。

倉　一日、東京スカイツリーをちらちら見ながら歩いたけれど、雑然とした風景の向こうに見えるツリーの姿は飽きない…。

み　ツリーのビューポイントはいろんな本に載ってますが、新しい表情を見つけましたね。

倉　最初はツリーが能面のように端正で無表情だと感じたけど、能面こそ豊かな表情があることを忘れていました。それも多彩な手前の風景があってこそ。東京スカイツリーが建ったいま、これ以上東京をツルツルに再開発する必要は感じられませんけどね。東

COLUMN: みのりさんのお気に入り

写真提供/株式会社サンリオ
http://www.sanrio.co.jp/

# いちご建築を夢見て。

「大人になったらどんなお家に住んでみたい?」。小学生の私は度々友達に問いかけ、一緒に理想の家の絵を描いた。おしゃれの部屋。読書の部屋。おもちゃの部屋。お菓子を食べる部屋。小さな部屋がいくつも詰まった家を。学校から帰ると、「こえだちゃんの木のおうち」や「りかちゃんハウス」、「シルバニアファミリー」といったドールハウスで人形遊びするのに夢中。それから『ねずみのいえさがし』という写真絵本を繰り返し読んだり、売り出し物件の間取りが載った新聞の折り込みチラシを集めたり。さらには家の近所にできたモデルハウスに続けて通い、とうとう親と共に来るよう諭されることもあったほど。なにしろ"家"が好きな子どもだった。

私にとって、理想の家を想像して遊ぶことは、建築や造形への興味というより、物語を創作する作業に近かった。平面図でもミニチュアでも、家や部屋の"かたち"が目の前に現れると、そこで誰がどんなふうに暮らし、どんな出来事が繰り広げられるのか、楽しげな風景が頭の中に浮かんでくる。家や部屋には必ずそこで過ごす人がいるから、住まいに合わせて、住人の名前や性格、詳細な好みまで考えて、ノートに書き込むこともあった。こんなふうに家をめぐり、幼い私の空想はむくむくと広がっていった。

少女時代の私が東京への憧れを抱くきっかけになったのも、1983年、田園調布の閑静な街中にできた「いちごのお家」の存在を知って。家といってもそこは、「ギフトゲート」と呼ばれるサンリオグッズの直営店。いちごジャム作りの名人で、小さくて丸い鼻の女の子のキャラクター「ボタンノーズ」が住む家をモチーフにした、大小2つのいちごが並ぶ赤い建物。当初は1000日間の限定出店の予定だったところ、サンリオファンの少女たちが愛読する『いちご新聞』の読者を中心に存続を願う声が集まり、残されることに。私もその『いちご新聞』を読み、ときめきを抱いたひとり。外観の存在感もさることながら、いちごの形をしたピンク色の暖炉にお風呂などがディスプレイされ、開店時の内装は女の子の夢の世界そのもの。「早くおとなになって、こんなにすてきなお家(お店)が建つ街で暮らしてみたい」と思いを募らせた。

月日が流れ、東京暮らしを始めた私は、初恋の相手に再会するような心持ちであの家を目指した。田園調布のゆかしい道を進み辿りついた、ふっくら赤い、いちごの建物。憧れを前に、あんな家こんな家と耽った昔の記憶がむくむくと喚起され、胸がきゅっと切ない音をたてた。その「いちごのお家」が28年間の歴史に幕を閉じたのは、子どもたちに最後のクリスマスプレゼントを送り出した後の、2011年12月25日。いつか住んでみたいと子どもたちが憧れたり、想像を膨らませる建物が、もっと東京にあったらと願ってやまない。

# 両国—深川

震災復興モダンを歩く。

建築散歩ルート

1 JR両国駅
2 東京都慰霊堂
3 復興記念館
4 旧東京市営店舗向け住宅
5 深川東京モダン館
6 深川不動堂

関東大震災後、飛躍的に復興をとげた東京の姿をたどりつつ、隣りあう街の個性を楽しむ下町散歩。

## JR両国駅を正面から眺めると。

**み** 今回はJR両国駅からです。

**倉** いまひとつ、どこが正面かわかりづらい。完成時は総武線の終着駅だったけど、すぐ西側につながって通過型の駅になったから。

**み** 一応、西口側が正面ですよね。この駅は1927年の建物ということですが、特徴的な「軒蛇腹」が見られるとか。アーチ状の窓や時計がいかにも昔の駅という感じですが、探してみるとそういう駅ってあまりない。自分の記憶の中の正しい駅の形だなぁ。水上バスが好きなので、両国は川から見る風景として馴染みがありましたが、降り立ったのは久しぶり。倉方さんにとってはどういう街ですか？

**倉** やはり相撲を見にくるところ。国技館が蔵前から移ったときに、立派な建物だなあと思った記憶がある。確かに水上バスに乗る

と、江戸東京博物館や国技館が大きく見えて、両国らしい。

**み**　駅近くの回向院《えこういん》というお寺に、ネズミ小僧の墓があるんですよ。円錐状の慰霊碑も奇妙な感じで、足早に通りすぎてしまった。

**倉**　回向院は明暦の大火で多くの犠牲者が出たときに、時の将軍・家綱が造った弔いの場所。境内で勧進相撲が行われたのが、現在の大相撲の始まりです。両国には死と隣り合わせの施設が多く、そこを含めて名所になってる。回向院には人間以外の動物の墓もあるし、生と死、人と動物のわけ隔てのなさがアジア的。

**東京都江戸東京博物館** ● 1992年竣工、設計 菊竹清訓。東京都墨田区横網1-4-1

**み**　相撲や江戸のイメージが色濃い街ですが、実際歩くと、古い建物が残っていますね。名所でもある吉良邸の前には昔ながらのお菓子屋さんがあったり、散策向きの場所が多い。駅に昭和25年当時の街並みの写真が飾られているので、見比べるのも一興です。

**倉**　元々江戸時代から戦前にかけての両国って、いまのお台場のような場所だったのかも。都を少し離れ、相撲や花火といった娯楽を「さぁ楽しむぞ」という気分になる。下町といってもいろいろあって、ここ両国では水に映えるような巨大建築もありかなと思います。その陰に小さな建築も潜んでて、今日はその辺りを探りたい。

**み**　早速街を歩きましょう。まずは江戸東京博物館が目に飛び込んできます…賛否両論ある建築のようですが、どう思われます?

**倉**　大胆ですけど、この場所に合わない建物ではないんじゃないかな。お台場的だし、神輿《みこし》のような庶民的なわかりやすさもあるし。

ただ、足元の広場は…。「これどう活用するの?」と建築が私たちに問いかけてるみたい。

**み**　博物館の売店を見たら、江戸本のコーナーが充実してました。いま、「江戸を歩く」的な本がブームなんですね。

**倉**　80年代半ばに第一次江戸ブームがあり、芳賀徹さんや陣内秀信さん、田中優子さんらが良い本を書かれて、「江戸東京」って言葉を生み出した。景気が良かったのもあり、西洋が一番という風潮から、江戸時代からの気風がむしろ誇らしいという流れになった。結果、１９９２年に完成したのが江

**ちゃんこ川崎** ● 1937年竣工、設計者不明。元関取の横手山が創業、ソップ炊き（醤油で味つけした鶏がらスープ）の「名代ちゃんこ」が看板メニューの人気店。東京都墨田区両国2-13-1

戸東京博物館。その頃のブームを思い起こしつつ、いまの江戸ブームを体感できる場所ですね。

**み**　なるほど…。あ、ちゃんこ川崎が見えました。ここはちゃんこの元祖と言われるお店です。

**倉**　木造の看板建築みたい。サッシや建具まで全部木でね。力士と一緒で商売も立ち会いが大事。実態よりデカく見せています（笑）。

**み**　ふふふ、奥行きがあるのか、ないのか…今度入ってみたい。

## 両国公会堂から東京都慰霊堂へ。

**倉**　安田庭園の奥に両国公会堂が見えるでしょう？　設計したのは森山松之助で、台湾に優れた建築をたくさん残した建築家。台北などの州庁や台湾総督官邸などは台湾の文化財に指定され、訪れると森山について日本よりも詳しく解説されています。設計者冥利に尽きるでしょうね。両国公会堂は、日本庭園に洋風建築というのが不思議。いまは使用停止中で、うまく使われるといいのですが…。あっ！　東京スカイツリーだ！

両国公会堂●1926年竣工、設計 森山松之助。安田庭園に隣接。戦中・戦後は食糧配給所、進駐軍クラブとして使用され、現在は使用を休止中。東京都墨田区横網1

**み**　ツリーの真ん中から下が霧に隠れて、浮いているみたい。蜃気楼のように、消えたり現れたり…。

**倉**　ドラマチックな空の光景に負けてない。しなやかで強い…。

**み**　天候によって変化するツリーを楽しめる新名所となりそう。

**倉**　では、ツリーを眺めつつ横網町公園へ。先ほどの両国公会堂と公園にある東京都慰霊堂は関東大震災後の大建築。隅田川の東岸の双璧です。今は高い建物が多いので、そんな気はしませんが。

**み**　こちらの地名、「よこづなちょう」と読んでましたけど、「よこあみちょう」なんですか。

**倉**　相撲の街だから…（笑）。東京都慰霊堂は、もとは震災記念堂といって1923年9月1日の関東大震災の犠牲者を弔うために建てられました。震災当時、ここは軍関係の工場の跡地で、空き地に多くの人々が避難したところに燃えさかる炎が四方から迫り、およそ3万8000人が命を落としたといわれています。公園として整備される際、悲劇のメモリアルとして慰霊堂が造られた。

**み**　屋根の上に鳥の飾りがついているのが愛らしい。

**倉**　よく気づきましたね。建物の由来は悲劇的ですが、ユーモラスな動物や妖怪が随所に隠れてる。『千と千尋の神隠し』の湯屋の入口と同じような屋根が正面にありますよね？　唐破風といって、その中央に垂れ下がる懸魚《げぎょ》、左右の桁隠《けたかく》しにも、のどかな顔をした鳥が潜んでいます。軒下の隅では怪鳥が首を伸ばしてたり、柱の上部にも妖怪がいたり。

**み**　建築家は伊東忠太。倉方さんは『伊東忠太を知っていますか』という本の共著者でもありますが、彼の一番の魅力は？

**倉**　意外と「優等生」なところかな。彼の一世代前、辰野金吾が育った頃はまだ維新の混乱期で、定番のエリートコースのようなものがなかった。そういう模範的コースを最初に無駄なく駆け上がったのが伊東です。いまでいう番町小学校から一高の元になった高校、帝国大学（東京大学）、大学院へと進み、さらに助教授、教授…という具合に。仕事においても、頭がいいから課されたことは守りつつ、実は静かに反逆してるんです。

**み**　静かに反逆…。

**倉**　伊東は大倉集古館や築地本願寺などを設計しましたが、それらと比べるとこの慰霊堂は和風そのもの。建設にあたり神道界や仏教界から寄付を募ったので、和風以外では設計できない状況だった。

**東京都慰霊堂**●1930年竣工、設計 伊東忠太。関東大震災の遭難死者、東京大空襲などによる殉職者の遺骨を納めた霊堂。東京都墨田区横網2-3

しかし伊東は唐破風や禅宗寺院のような柱、壁の唐草模様など、目につく部分を全て和風にしつつ…空間はどう見ても和風じゃない。

**み**　本当に、教会っぽいですね。

**倉**　建築史でいう「バシリカ式教会堂」の形式で、正面に祭壇があり、真ん中の天井が高く、両脇が低い。高さの差を利用して窓が設けられ、そこから光が差し込む。平面は十字架のような形で、長椅子が並ぶのもキリスト教の教会スタイルですね。でも個々の部分は和風だから文句はつけられない。こんなふうに、与えられた状況に真っ向から反抗するのではなく、専門知識を駆使し搦《から》め手《て》で新しいデザインを産み落とす。優等生の顔をしつつ、社会の可能性を広げていく彼の姿勢が好きなんです。

**み**　なぜ教会風に？

**倉**　キリスト教の教会は公共空間でもあって、基本的に誰にでも祈りの場所として開放されています。慰霊堂もそういった役割をもつ施設だから、バシリカ式を下敷きにしたのでしょう。

**み** いろんな意味があるんですね。

**倉** 奥には塔を設けていて、犠牲になった方々のお骨を納めている。そもそも塔の起源はお釈迦さまのお骨である仏舎利を祀るストゥーパ。ストゥーパから変化した日本語が「塔」と「卒塔婆」。だからお墓として高い塔を建てるのは正当なんです。しかもそれを十字架の頭の部分、最も聖なる場所に置き、和洋を組み合わせた。

**み** て、手が込んでますねえ…。

**倉** 建築史の知識を悪用しているわけです(笑)。

## 流行最先端の復興記念館。

**み** 誰にでもシンプルに楽しみどころがわかるのがいい。隣接する復興記念館も、倉方さんおすすめということですが。

**倉** 建物に関していうと、これひとつで昭和戦前期の流行がわかる。柱型を強調したデザインはライト風、壁面はスクラッチタイル、屋根は東洋趣味で、扉などにはアール・デコも入ってておトク(笑)。ここ、展示もいいんですよ。1929年に開かれた「帝都復興展覧会」の出品物がそのまま展示されてたり、時が止まってるかのよう。模型や図表なんか、いまのよりもわかりやすいデザインかも。

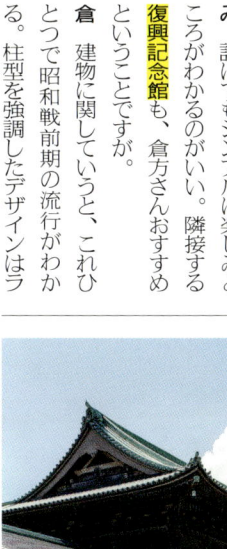

**み** 命を扱う展示でもあるから興味深いです。印象に残ったのは、壊れた街で女性が笑ってる写真。こういう場所に笑顔があってもいいんだって、すごく安心しました。震災という歴史的惨事を真摯に受けとめながらも、希望や強さを見出せる。

**倉** 死は敬わなくてはならないものだけど、遠ざけたり、無理に意味づけするものじゃない。震災後の女性の笑顔って、忠太が慰霊堂に滑稽な動物や妖怪を置いたのと通じてる気がします。回向院でも動物を弔ったり、死の対極にある力士が躍動したり、死とのつき合い方の智慧が両国には根づいてい

復興記念館 ● 1931年竣工、設計 萩原孝一／伊東忠太。関東大震災の被害資料、当時の様子を伝える絵画などを陳列。東京都墨田区横網2-3

る。大自然にも似た悠久の命のありようを受け止める素養は、女性のほうがあるのかもしれません。森や山に触れるのと同じように、こうして語らいながら、何人かで訪れてほしい場所です。

東京都復興記念館の柱の上には伊東忠太の十八番、口を開けた妖怪彫刻が。

## 理想の集合住宅、清洲寮。

**倉** 今日は、東京の東側をタテに移動します。隣接しつつも個性が違う街を感じたい、ということで、地下鉄でちょっと南下して、清澄白河へ。みのりさんはこの辺りを訪れることはありますか?

**み** ヨーガンレールや雑貨屋さん、現代美術のギャラリー、あとは東京都現代美術館も。でも、こちらは初めて。…寮ですか?

**倉** 「清洲寮」と書いてありますよね。寮といっても、1933年に完成した一般向けの集合住宅。関東大震災後になると、東京にも鉄筋コンクリートの集合住宅がぽつぽつ出現します。中でも同潤会アパートが有名ですが、こちらは純粋に民間の建物。アパートという言葉がまだ普及しておらず、マンションという呼び名ができるのは昭和30年代ですから、「寮」と名づけたんでしょう。

**み** 寮、荘、館、アパートメント、ビルヂング、建物の名づけ方ひとつとっても面白い。

**倉** 表参道や代官山などの同潤会アパートは姿を消してしまったから、戦前の集合住宅を知る数少ない実物でもありますね。

**み** 窓の形が不思議。

**倉** 窓台で水平を強調していますね。ベランダの角も丸くして、横幅いっぱいにアール・デコらしいスピード感を出している。

**み** 部屋番号が「いろは〜」になってる! タイルもレトロです。

**倉** 引いてもいいけど、近くから

**清洲寮** ● 1933年竣工、設計 大林組。昭和初期に造られた鉄筋コンクリート造の集合住宅。玄関のタイル、窓枠など建物の細部にまで当時のものをできる限り使用。東京都江東区白河1-3-13

古さを感じさせないゆったりした清洲寮の共用部分。竣工時から使われ続ける窓枠が美しい。
注：清洲寮の中へは特別に許可を得て入寮・撮影しています。住人、来客以外は基本的に立ち入り不可。

見てもいい。人研ぎの手すり、豆タイル、スクラッチタイルといった当時の材料の素材感が時間で磨かれた素材感。

**み**　いまも人が住んでるんですね。

**倉**　空室が目立った時期もありましたが、いまではかなりの人気物件だそうです。

**み**　こうやって、人が住んで残されていくのはいいことですね。

**倉**　そうですね。80年近く経ってもまだ必要とされていることにほっとします。よく見ると、しっかりメンテナンスされている部分と、素材の味が出ているので手を入れていない部分との見極めが上手。オーナーの正しいセンスがあるから生きているんですね。

## 旧東京市営店舗向け住宅とは。

**み**　道路沿いの建物は店舗向け住宅と呼ばれているそうですね。

**倉**　関東大震災後に旧東京市が造った共同住宅です。1階が店舗、

**旧東京市営店舗向け住宅**●1928年竣工、設計 旧東京市。当時の東京市が関東大震災の復興の一環として建てた店舗向け住宅。一軒ごとに外壁や模様なども異なり改築などもなされている。「まだ防空壕が残ってる家もあるはず」とSacra Café.のご主人。

COFFEE BREAK

## 震災復興商店長屋で自然派スイーツを

歴史的建築、旧東京市店舗向け住宅で実際に営業するSacra Café.。6年前、たまたま物件を紹介された店主が「ここだ」と即決したという建物は、高い天井・外を見渡せる大きな窓など、風通しの良い空間に生まれ変わった。全て手作りというオーガニック素材を使ったロールケーキやスコーン、プリンなどのスイーツは数量限定の名物メニュー。ほかオーガニックコーヒー、月ヶ瀬健康茶園の紅茶、オーガニックビールなど体に優しいドリンクメニューも豊富。

オーガニック春摘み紅茶660円、ゲランドの塩ロール350円は一番人気メニュー。
※ドリンクセットの場合100円引き

Sacra Café.●東京都江東区清澄3-3-28
🕒11:30～18:00（土・日・祝12:00～）
月・火曜休　☎03-3643-3479

2階が住居というのは昔ながらの町家と同じ構成だけど、それを横につなげて耐震耐火の鉄筋コンクリートで新しく建設しました。

**み** 他にも同様の住宅はある?

**倉** 民間の建設だと靖国神社の近くに九段下ビルがありましたが、少し前に壊されてしまった。こうした都市型の鉄筋コンクリート共同住宅の試みが大震災後に試みられ、本格的には第二次世界大戦後に普及した。その先駆けとしても価値がある。ライト風やアール・デコ、当時の最先端の意匠がところどころに残ってるのもいい感じ。

**み** 道路を渡って引いて見ると細かい部分や色がよく見えます。Sacra Café. など、実際に中に入ることができる店舗があるのもいい。新たな形で使われている様子を体感できるので…。

**倉** 久しぶりに来たけど、個性的なお店が多いですね。以前より活気を感じます。建物のもつ雰囲気に惹かれて店を開くのかな?

**み** 近くに美術館ができたこともあり、建物を大切にしていこうという意識の高い人たちが周辺に増えた気がしますねえ。

**倉** 東京の東側は首都としての東京というより、地方都市のような東京という感じ。歴史に根ざした地域の文脈が転がっていて、まだ意味づけられていない要素もある。

今後も意外な地域が面白くなっていくんじゃないかな。

奥に長い構造、複雑な配管など…。「中はこうなってたのか」と建物好きをそそる細部にも注目。

## 昔の姿を保つ 深川東京モダン館。

**み** では、さらに南下を。まずは深川東京モダン館。外から見るとまるで新しい建物と間違えてしまいそう…手入れがいいんでしょう。

**倉** これも震災復興もの。2009年に修復されて、いまの形で開館しました。もとの深川食堂は、大正時代から東京市に設置されてきた公営食堂のひとつ。衣食住の「住」の模範を公共が示したのが同潤会アパートだとすると、これは「食」。安くていい食を提供しようとしたわけです。これに日比谷公会堂なども含めて、関東大震災以降に登場した、新しい公の建物としてグルーピングできそう。

**み** 入口のタイルが可愛い…。

**倉** 昔のタイルをちゃんと残してて。色合いが雰囲気ありますね。

**み** 丸い窓が個性的。光もたくさん入って心地良いです。

**倉** 病院の造りに近い。そもそもこの施設自体が、「科学的な施しで社会の悪い部分を直し、健康な状態にもっていくのが新しい公共の役割」という医者的な発想でできているから、それも納得。

**み** 現在は江東区の観光案内所と

深川東京モダン館●1932年竣工、設計 東京市。東京市営食堂として建築された館が、さまざまな変遷を経て江東区の観光・文化拠点に。週末には喫茶スペースも。

して誰でも出入りできるし、週末には米粉のおやつが食べられる喫茶「にちよう」が営業。カレーやコロッケなど、大正から昭和にかけて親しまれた洋食メニューを再現する「モダンな食堂へようこそ」というイベントも不定期開催され、食堂としての姿もとり戻しつつあるようです。

## 梵字が連なる！深川不動堂。

**倉**　深川のお不動さんに去年、変わった建物ができたんですよ。

**み**　わっ、何これ!?　梵字がみっちり詰まった外壁…どなたが造られたんですか?

**倉**　玉置順という建築家です。住宅作品で有名で、大きな建物はこれが初めてじゃないかな。深川不動堂は小さな頃から来ていたなじみの場所だったので、僕もびっくりしましたけどね（笑）。

**み**　一見、銀座の高級ブランドショップのようにも見える印象強さ。

**倉**　これがなかなかはまっているんですよ。不動堂の一番の目的は中で護摩祈祷を行うこと。内部はステージ状になっていて、1日数回護摩木を焚き不動明王にお祈りする様子を、誰でも見ることができます。裸火がゆらめいて、読経と太鼓の音が次第に大きくなる。圧倒されますよ。外国人を案内しても喜ばれるんじゃないかな。

**み**　なんてドラマチック！　それは一度見てみたいです。

**倉**　他にも約9000体のクリスタル製の五輪塔が並ぶ「祈りの回廊」や、奉安された不動明王像がずらり並ぶ空間、人びとを惹きつける迫力がうまく建築化されている。そもそも密教の不動堂は、静かに鑑賞する対象ではなく、行動の器になるような建物。外壁の梵字も、行動の結果としての音声が固まって張りついているわけです。一見突飛に見えるけど、提案したらお寺の方もアイデア実現のためにいろいろ尽力されたとか。江戸の半ばから、大衆に訴える力でここまで支持されるようになった深川不動堂らしい展開ですよね。

**み**　街歩きとあわせて、友人を連れて訪れたい場所です。

## 知られざる名建築、石造燈明台。

**倉**　お堂の左手の石造燈明台も、実は建築家の作品。100年以上前のもので、設計者は日本で最初の建築家、佐立七次郎。彼の同期となる他の3人は辰野金吾、迎賓館を設計した片山東熊、戦前最大の建築事務所のひとつ、曾禰中條建築事務所を作った曾禰達蔵。佐立は最初の大阪中央郵便局や株取引所などを造ったのですが、どちらも現存しない。建築にあまり向かない性格もあり、早々に隠居状態になったから、あまり有名ではないかも。本格的な建築としては唯一、旧日本郵船小樽支店が残ってて、重要文化財に指定されています。そんな彼が設計した日清戦争勝利の記念塔。洋風と和風の間のようなデザインですね。
**み**　不思議なスケール感。こういうものを建築と捉えたことは初めてで、じっくり見てしまいました。今日はバラエティに富みながらも一本筋が通った建物ばかり。
**倉**　下町らしさや、震災復興と。
**み**　震災を学んで、感じて。東京の流れというか、江戸東京から震災があって復興して…命、宗教、いろいろなものが隣り合わせにあると気づきました。
**倉**　東京の東側は、都市を成り立たせている基盤に触れられる良さがあります。川があったり、工場や倉庫が見えたり、近代の歴史が伝わってくる。上っ面だけじゃない東京が浮かび上がるのが面白い。
**み**　これからどんどん変わっていくというか、いろんなものがプラスされていきそうな街ですね。
**倉**　このエリアは今後さまざまなルートが描けそうですね。土地の高低差がなくフラットだけど、集落らしさが残っている。伝統的には分かれていた小さな町の単位が

**深川不動堂 本堂**●2011年竣工、設計 玉置アトリエ。「真言梵字壁」で覆われた本堂には「祈りの回廊」や不動明王像が。東京都江東区富岡1-17-13

**石造燈明台** ● 1895年竣工、設計 佐立七次郎。九代目市川団十郎、五代目尾上菊五郎、初代市川左団次と「団菊左時代」を築いた明治の名役者ほか、魚河岸や船頭、遊郭に割烹料理屋などさまざまな人の名が刻まれる日清戦争凱旋記念燈明台。東京都江東区富岡1-17-14

近代になってインフラができたり、近年でも大江戸線が通ったりしたので、場所と場所の関係性がまだ組み変わりそう。最近だと、清澄白河の**丸八倉庫ビル**に現代アートの有名ギャラリーが集結したりね。近くを訪れたら、関東大震災後に架けられた復興橋梁のひとつ、**清洲橋**の美しさも堪能してほしい。

**み**　東京は緑が多いとか、改めて気づくことも。街歩きへは山手のほうに行きがちですけど、墨田川沿いを歩くのも新鮮でした。

**倉**　確かに、「関東大震災」や「復興」なんて女性向けの街歩きとは相性が悪い言葉かも（笑）。逆に男性は「これはこの時代のこんな思想の産物だ」なんて観念的にわかったつもりになりがち。歴史のお勉強ではなくて、一筋縄ではいかない大自然やアートに向き合ったときのように、死や生の連鎖を楽しみながら感じ取ってほしいな。

**み**　この辺りには角打ちの折原商店や人気居酒屋の魚三酒場も。散歩後に1杯、いかがでしょう？ **東**

COLUMN: 倉方さんのお気に入り

# 柿傳から広がる文化の世界。

街を歩いていて、ふと気になる建物がある。これもそう。何度通ったかわからない新宿駅東口に、他に見たことのない形の建物があるのに気づいた。1、2、3…数えてみると、9階建てのビルのようだ。入口に小さく「柿傳」と書いてあるところからすると、和食屋らしい。となると、

これは八角形のお重を積んだ形なのかしら。金属のルーバーは、和風の縦格子と考えると、つじつまが合う。しかし、和風のいやらしさがないのがいいね。そうか、L字形の白い壁も同じ建物なんだな。うまくできているじゃないか。建物のすぐ後ろは線路で、脇は他のビル。嫌な気にさせず、お隣さんと一線を…線じゃないな、一面を画して、八角形の部分を引き立たせているわけだ。こうした太い道に面していると隅切といって角の部分が削られるが、それもクリアして、ルーバーで雑踏からもさりげなく身を隠す。これはなかなかの手練れだね…とそこまで考えて、しばらくそのままにしていた。

後日、お電話すると受話器をとられた方はとても親身に話を聞いてくださり、よくわからないながらもご主人へのアポイントメントをとってくださった。お店ではなく、建物の取材というのだから、わからないのも当然だ。

現れた三代目のご主人は、全てが自然だった。腰が低く、背筋は伸びて、ユーモアを絶やさない。生まれながらの商家ならではの育ちの良さにほぐされて、あれこれ伺うと、さまざまなつながりが

現れたのだった。

ビルの名は「安与ビル」という。新宿駅前のメリヤス問屋を1926年に料理屋に転業させた初代・安田与一に由来する名前だ。与一の妻の従姉妹の息子が田辺茂一で、翌年に田辺が創業した紀伊國屋書店は文化人のたまり場となり、建築界では戦後に前川國男が手がけた建物としても知られる。

あの川端康成と、今のご主人の父である2代目は戦時中に逗留していた軽井沢で親交を深めた仲。戦後になり、いまの安与ビルを建てる話をすると、ワンフロアを貸してくれと川端がいう。新宿には大人が道草を食うところ、骨董屋がないから、ぜひやりたいんだ…。「美の店」という店名まで決めて — 彼らしい稚拙なのか奥深いのかわからない名称だ — 大いに乗り気だった川端だったが、1968年のノーベル文学賞を受賞して、趣味の店どころではなくなってしまう。

代わりに川端は「大人の道草」に通じる茶の湯の仕事を勧め、表千家の家元につないだ。家元から出入りの京都「柿傳」を紹介され、茶席の設計は谷口吉郎が担当。元々ビルの設計は2代目の弟が早稲田大学建築学科で師事した明石信道に依頼していた。明石は戦前の名画座「武蔵野館」(1928年完成)の設計で知られる。こうして明石の数少ない現存作品の中に、谷口吉郎らしさが光る3フロアがいまも美しく使われ、新宿文化の系譜を物語っている。歴史は日常のすぐ横で、開かれるのを待っていた。

安与ビル● 1968年竣工、設計 明石信道
東京都新宿区新宿3-37-11

明治時代と最先端。

# 青山―表参道

建築散歩ルート

❶明治記念館
❷聖徳記念絵画館
❸根津美術館
❹プラダ ブティック青山店
❺東急プラザ表参道原宿
❻JR原宿駅

建物から、地名から、ストリートから…。倉方さんとみのりさんが「明治時代」と「いま」、2つの時代を結ぶ鍵を探す旅へ。

## 明治記念館でタイムスリップ。

**み**　信濃町駅前の周辺地図を見ると、明治神宮外苑、赤坂御用地、新宿御苑と東京の中心とは思えないほど大半が緑色。以前表参道に事務所があったのですが、明治記念館はビアテラスしか馴染みがない。芝生でビールを飲める、お気に入りの場所なんです。

**倉**　緑が豊かでいい場所ですよね。今日は明治記念館から原宿駅まで歩きましょう。この辺りは場所の名前に「明治」という言葉が含まれている割に、「最先端の街」的なイメージを連想しますよね。

**み**　本当！　この建物にも明治の姿を残した部分がありますか？

**倉**　この本館は、いまから130年前に建てられた赤坂仮御所の別殿を移築したもの。木造瓦葺で唐破風の玄関、殿様が使った江戸時代の御殿みたいですが、内部は当初から椅子式で暖炉もある。和の伝統を洋風に読み替えた、明治期らしい和洋折衷です。

**み**　庭園に面したラウンジは、大宮御所風宮殿造りの本館をそのまま生かしてますね。たまに、金鶏という鳥が描かれた壁紙のあるラウンジでお茶をします。

**倉**　明治記念館は以前に授賞式で利用しましたが、冠婚葬祭に適した各室の造りで、きちんとした写真館もあって感心しました。本館以外の建物は新しいけれど、フォーマルな昭和がここに伝承されている。明治時代から戦後がひと続きになった感じがします。

## 知られざる名建築、聖徳記念絵画館。

**み**　聖徳記念絵画館に到着。足を運んだのは初めてですが、すごい建物！　イチョウ並木からまっすぐ入って来ることもできる。

**倉**　最初から緑と建築を一体で整

柱と天井、マントルピースは創建当時からのものを使い続ける。明治時代の面影を残すラウンジkinkei（貸切の場合あり。使用状況は03-3746-7723まで）。

**明治記念館 本館**●1881年（一部1918年）竣工、設計 宮内省。東京都港区元赤坂2-2-23

**聖徳記念絵画館** ● 1926年竣工、設計 小林政紹/佐野利器/小林政一/高橋貞太郎。東京都新宿区霞ヶ丘町1-1

備しましたから。明治天皇が崩御した後、代々木に深い森を造って明治神宮内苑としました。この外苑は対照的に庭園や都市施設を整備した。並木から建物まで一直線に軸線がのびる。東京駅前、上野公園と並んで東京で西洋的な都市計画を体感できる場所です。

**み**　イチョウ並木沿いのカフェまでしか来たことがなかった…。

**倉**　青山通りから姿は見えるので知ってはいても、実際に入館する人は多くない。他にない体験ができるので、さぁ中へ。

**み**　わあ…天井が高いですね。ステンドグラスがきれい。

**倉**　普段公開しているドーム空間としては、国内最大かも。非西欧諸国として初めて近代化を果たした明治という時代を描く計80枚の大壁画を展示しています。基本的に全ての壁画に天皇か皇后が登場するけれど、明治大帝記念館って感じでも、ファインアートの美術館でもない。

**み**　絵ごとに作風が違う。左右対称の建物の中、日本画と洋画が半分ずつ揃えられているのも面白い。堂本印象、山口蓬春、鏑木清方…画家も錚々たる顔ぶれ。

**倉**　明治前半は日本画、後半は戦争が多いから洋画でダイナミックに。近代日本の「和洋のどっちが正統なのか問題」が素直に表れています。建築のほうはモダンなセセッション風味を入れて、あまり洋風に見えないようにバランスをとっています。贅沢な空間に浸れるし、絵画の描き方もバラエティ豊か。もちろん歴史の勉強にもなる。戦前の歴史観を反映した施設だからか、ガイドブックでもあまり紹介されない穴場。もっと注目してほしいな。

## 根津美術館の知的な構成。

**み**　絵画館からイチョウ並木を歩き、根津美術館へと到着。

**倉**　文化人としても知られた東武鉄道社長・初代根津嘉一郎のコレクションを収めた美術館。広大な庭園は根津邸の名残ですね。

**み**　戦前からこの場所に…すごい。

**倉**　隠れ家的な美術館が2009年に隈研吾により建て替えられて

**根津美術館 本館** ● 2009年竣工、設計 隈研吾。開館は1941年。実業家・初代根津嘉一郎の東洋美術コレクションを展示。東京都港区南青山6-5-1

一気にメジャーになりましたね。竹を配した路地やシャープな屋根は、まさに和モダン。でも格好いいだけじゃなくて、傾斜屋根を再解釈しているのが知的です。屋根のおかげで上階からも下階のガラス越しに庭が眺められるけど、遠くまでは見えない。外部と連続する気持ち良さを感じさせつつ、庭の全貌はあえて見せないという設計になっている。日本の緑は俯瞰するのではなく、道沿いに体感するものですよ…と。

**み**　美術館庭園内のNEZUCAFÉもガラス張りで、緑の中でお茶する感覚が味わえますね。

**倉**　青山の中心に、これだけの緑があるとは驚き。根津さん、緑を残してくれてありがとう(笑)。

**み**　私はこの辺りだと、日本武道館や京都タワービルを設計した建築家・山田守の邸宅の一部を改装した蔦珈琲店もよく利用します。中庭に面した席がとにかく気持ちいい。自家焙煎のコーヒーはもちろん、ケーキも美味しいんです。

美術館庭園内にあるNEZUCAFÉ。屋根や壁の一部は光を通す和紙のような素材をおり、目前には四季の緑が広がる。

## バブル時代を映す
## コレッツィオーネの姿。

**倉**　ブランドショップが並ぶこの通りは、有名建築家の個性も見比べられる場所。まずは、安藤忠雄のコレッツィオーネから。少し前まで東京で一般に開かれた安藤建築はここくらいでした。

**み**　私、中のアニバーサリーというケーキ屋は馴染みの店です。ウエディングケーキで有名なんですが、友人のお祝いにオーダーメイド・ケーキを注文したことも。

**倉**　バブル時代の空気をいまに伝える建築でもありますね。打ち放しコンクリートに吹き抜け。妙に天井が高く、足がつかない椅子に座っている感覚。

**み**　建築に詳しくない私でも、バブル感はわかる（笑）。トレンディードラマを見て憧れた世界。こういうビルって東京的だな。

**倉**　人よりも、がらんとした空間が勝ってる。強い建築ですね。複雑な地下迷宮のような…。

**み**　階段や段差が意外なところに現れて、子どもの頃に遊んだアスレチックを思い出しました。部屋がぎゅぎゅっと詰まっている感じがせず、なんだか贅沢です。

**倉**　安藤さんは一貫して「ちっちゃなものに大宇宙を閉じ込める」ロマン主義者じゃないかな。住吉の長屋という出世作では、小住宅の中に壁で囲まれた外部空間を造った。そこは寸法とは関係なく、世界を映し出すもうひとつの世界に変わる。直線と円を多用するのも同じでしょうね。極小の要素を組み合わせて驚くほどの効果を上げる、魔術師としての建築家。ミステリアスだけど効果はわかりやすいから、このコレッツィオーネの頃から仕事の幅を飛躍的に拡大して、いまに至ります。

COFFEE BREAK

## 美しさを保ち続ける
## 名建築・名庭喫茶店。

橋や病院、学校、日本武道館…と身近な建物を多く手がけた名建築家・山田守。元は建築家だったというマスターが、その山田氏の旧自邸のピロティを改装し、喫茶店を作ったのが昭和63年。以来、「変わらないことが贅沢」の信念のもと、味も店内も良い状態を維持するよう努めている。庭園をゆったりと眺められる窓際席に置かれた家具は「長持ちするから」と天童木工製。静かにクラシックが流れる店内で、おいしいコーヒーとともに建築散歩の疲れを癒そう。

コーヒー700円、ケーキセット（写真はチーズケーキ）1,200円

蔦珈琲店● 東京都港区南青山5-11-20
🕓10：00～22：00（土、日曜＆祝日12：00～20:00）　月曜休　☎03-3498-6888

蔦珈琲店の特等席。建築家の旧邸宅の元ピロティを改築した喫茶室は、時を忘れる心地良さ。

## 巧みな空間、フロムファーストビル。

**み** お隣はフロムファーストビル。

**倉** 設計者の山下和正はこれで日本建築学会賞をとりました。安藤さんとほぼ同世代の建築家です。

**み** さっきと一緒で、外からは想像できない空間が中にあります。

**倉** 入口の天井は低く、階段を狭くしているので、吹き抜け空間が余計ドラマチックに感じられます。

**み** 私よりひとつ歳上の建物ですが、年月を感じさせない…。

**倉** 断面方向の寸法を細やかに設計しているからでしょうね。空間の骨格が効果的で、古びない。

**み** 並びのヨックモック青山本店も、年代は近いんですよね。

**倉** ヨックモックができた頃、辺りはまだ住宅地の印象が強かった。ここが賑やかな通りとなるきっかけとなった建物のひとつで、これも当時の建築らしい「内部空間充実型」。中庭空間によって、街とつながる商業空間を生み出しています。

見渡すとすごい建築ばかり、の南青山。写真上左/南青山の顔、フロムファーストビルとコレッツィオーネの2ショット。写真上中/現代計画研究所が設計、1978年に完成したヨックモック青山本店は真っ青なタイルが印象的。右、右下/2003年竣工、いまや界隈のランドマーク、プラダの大型旗艦店。

**み** ヨックモックのクッキーは青色の袋ですが、建物も青色。そういうつながりが琴線に触れます。

## 衝撃的だった、プラダ ブティック青山店。

**み** プラダ ブティック青山店に到着。これを造ったのはスイス人のヘルツォーク&ド・ムーロン。ここまで日本人建築家のビルが続いたので、新鮮に見えます。

**倉** これは一級品。日本の建築界にも大きな影響を与えました。

**み** いまだに観光客が熱心に撮影しているのを見かけます。

**倉** 遠目にはクリスタルのようにシャープだけど、近づくとぬめっとした印象。中の人も不思議な感じで見えます。この特注ガラスは構造であり、外壁でもある。常識にとらわれず、素材がもっていた潜在的な力を引き出している。表面的な装飾ではなく、その姿勢がブランドの表現になっています。

「街がすでに建築的」と倉方さんが語る、表参道周辺。ケヤキ並木がシンボルの大通りは、明治神宮の参道として整備された。

## ケヤキ並木のブランド建築群。

**倉**　通りの左右に灯籠が立つ、ここからが表参道。いまでは場所の名前として定着して、明治神宮の表の参道という意識は薄れたけど。有名建築家のビルが並ぶハシリが既にとり壊された丹下建三のハナエ・モリビル。新しい建物にも、以前のガラスの外観のイメージは継承されるようです。

**み**　私は交差点の山陽堂書店にある谷内六郎の壁画が好き。東京を代表するブランド通りですが、常に清々しい空気が流れている感じ。並木効果でしょうね。

**倉**　並木をどう建築にとり込むか、建築家ごとの解釈を見比べるのも楽しみのひとつ。丹下さんは街路を引き込んで小広場を作り、隈研吾のONE表参道は建物外側の木のルーバーで並木に応えた。伊東豊雄のTOD'Sは枝の形を装飾でなく、構造体に。建築家はその場所にあるべきものを各々の方法で設計しようとするものですから。さあ、続きを見ていきましょう。

**TOD'S 表参道ビル** ● 2004年竣工、設計 伊東豊雄。ケヤキの小枝のような姿のビル。東京都渋谷区神宮前5-1-5

**ルイ・ヴィトン表参道ビル** ● 2002年竣工、設計 青木淳。7階にはアートスペース「エスパス ルイ・ヴィトン東京」が。東京都渋谷区神宮前5-7-5

## ルイ・ヴィトンのビルと表参道ヒルズ。

**倉**　ルイ・ヴィトン表参道ビルは青木淳の設計で、トランクを積み重ねたような外装。トランクはルイ・ヴィトンの原点だからという説明をしていますが、それよりもひとつの大きなビルに見せたくないんでしょう。小さく分割し、ところどころ中を透かし見せて。

**み**　街に馴染ませているんですね。建物を大きく見せないことで、かえってブランドとしての自信や、器の大きさを感じます。

**倉**　大きくて中がのぞける入口も、場所に合っている。表参道のケヤキ並木は半透明の壁のように、一直線に伸びる歩行者空間を囲っています。街がすでに建築的で、まるで自然が作る高級ショッピングモールです。だから、ブランドショップの世界観との仕切りも、ガラス1枚でちょうどいい。

**み**　改めて、表参道は歩くための場所という感じがします。明治神宮に続く表参道は、東京屈指のパワースポットだそうですよ（笑）。さて、向かい側に表参道ヒルズが。

**倉**　設計に関わった安藤さんらしさは内部にあるかと。表参道の傾斜を内部に引き込むという名目で、地下3階から地上3階までの吹き抜けを見事に実現。「外から想像できない巨大な内部空間」というドラマがコレッツィオーネから続いています。その点ではルイ・ヴィトン表参道ビルと対照的ですね。

**み**　面白いですね。でも、私の中で表参道の記憶といえば同潤会青山アパートなんです。オシャレなものに目覚めて実家の静岡から出てきて、人生初のカフェ体験をしたり、通っていた大阪の大学から作品撮りに訪れたり（笑）。

**表参道ヒルズ** ● 2006年竣工、設計 安藤忠雄建築研究所＋森ビル設計共同企業体。表参道に沿って250 m続く表参道ヒルズのファサード。本館の隣には、旧同潤会アパートの面影を残す同潤館がある。東京都渋谷区神宮前4-12-10

**倉**　写真を撮ってたんですか？

**み**　建物や階段やらをロモで撮って…絵になるんですよ、これが。田舎の住宅地で新しい建物ばかり見て育ったので、ピカピカしてないのがドラマチックに思えて。大都会なのに、古い建物に人が住んでいるのも驚きでした。

**倉**　関東大震災の翌年にできた財団法人「同潤会」が建設した16の集合住宅の中でも、特に同潤会青山アパートは有名でしたよね。最新設備を備えた鉄筋コンクリート3階建ての賃貸集合住宅として、1926年から27年にかけて完成しました。戦後になると各住民の所有に変わる。戦後は近くの代々木公園に駐留軍の住宅「ワシントンハイツ」ができて、原宿～表参道が西洋っぽい場所になり、やがてここにも個性的な店舗が入った。同潤会のもつスケールが、こうした転換を可能にして、表参道の新しさを育んだといえます。

**み**　唯一、上野下に残っている同潤会アパートも取り壊しが決まったそうです。せめて一部だけでもどこかへ移築されたらいいのに。

**倉**　建物もそうだけど、新しいことを育みそうもない商業ビルになっちゃったのが惜しいな。

## 昔気質の日本男児、日本看護協会ビル。

**倉**　日本看護協会ビルは、いかにも黒川紀章という感じ。

**み**　ビル名と形にギャップが…。

**倉**　雄々しいですからね（笑）。大きく開けた建物の中央部は、表参道を引き込んだ「道」を意図したもの。西欧の都市では広場が重要だけど、日本では独自の「道」空間を展開すべしというのが、黒川さんの60年代からの持論だった

右/**日本看護協会ビル** ● 2004年竣工、設計 黒川紀章。東京都渋谷区神宮前5-8-2
左/**ディオール表参道** ● 2003年竣工、設計 妹島和世＋西沢立衛/SANAA。東京都渋谷区神宮前5-9-11

んです。

**み**　今日のような平日は、かえって静けささえ感じてしまう…。

**倉**　アイデアは意味があるんだけど、細部の詰めが追いついていないから、ここに佇みたくならないのかも。このガラスの円錐は後期の黒川さんがよく使った形。六本木の国立新美術館にもあって、これがあるから誰が設計したのかすぐにわかるんですよね。観念的で、作品に刻もうとする。草食男子なんかじゃない、昭和の男です（笑）。

**み**　だからこそ憎めない（笑）。日本男児が自分の美意識や信念にのっとり造った建物。最近のビルは、スケールは大きくても繊細だったりするけど、このビルは佇まいも堂々として、いい顔してる。

**倉**　向かいの表参道ヒルズに対しても、黒川さんは「こんなに長い建物をひとりの建築家に任せるのは、都市の多様性を損なうから良くない」と堂々と批判した。

**み**　お、そんなところも昔気質の日本男児らしくていいですね。

## オリエンタルバザーと ディオール表参道。

**倉**　装飾的な和風のオリエンタルバザーの隣に、抽象的なディオール表参道。このギャップも表参道らしいですね。オリエンタルバザーは、元々1951年にワシントンハイツに住むアメリカ人向けのお土産店として開業した、いわば占領下の名残です。

**み**　隣のディオールは、いままであまり気にかけてなかった。シンプルな箱型の建物ですね。

**倉**　でも一見、何階建てだかわからないでしょう？　実は4階建て。天井が低く見える部分は設備スペースです。建築の常識をいろいろ覆してるんだけど、それらがシンプルに統一されているから、こんなものが以前から存在したような強さを感じる。

**み**　入口も小さいですね。

**倉**　そっけないくらいにね。内外の境は壁じゃなく、ガラスとアクリルスクリーンのコンビ。それだけなんだけど、吸い寄せられるような深みがある。

**み** 形も色も柔らかい。やっぱり、女性らしさがありますね。

**倉** これと、さっきのプラダ ブティック青山店は同類で、「意味でつくる建築」じゃなく「意味をつくる建築」。90年代半ば頃を境に、建築の方向性が変化したことを反映しているんですね。

## 緑の空間をいだく 東急プラザ 表参道原宿。

**倉** 並木通りを下り、明治通りに近づくと、急に原宿っぽくなる。街のグラデーションが面白い。

**み** 音楽と若い人が、だんだんと街にあふれてきます。

**倉** 明治通りとぶつかる場所には東急プラザ 表参道原宿。6階にある「おもはらの森」からの眺めがいい。

**み** 早速上ってみましょう。緑があって、気持ちいい場所…。同じフロアにあるスタバで買ったコーヒーをこの広場に持ち込んで自由に過ごせるんですね。東京タワーもよく見える。まわりの建物は意外と低い…。

**倉** 羽田空港国内線ターミナルのデザイン監修なども手がけた、若手の中村拓志の仕事。これも彼らしく、形が人間をどう動かすかを読み込んだ、明解な造形です。おもはらの森は下からも見えて「あれ何だろう?」と気になる。

**み** 私、中村さんが手がけたDancing trees, Singing birdsという集合住宅を写真で見たときに、昔読んだ『おおきなきがほしい』という絵本を思い出し、わくわくしました。

**倉** 一旦お客を上階まで上げて、フリースペースと商業主義を両立させた。昭和の屋上遊園地を甦らせながら、椅子のように使える階段などを使い、現代風の思い思いのくつろぎを用意したんですね。

**み** 日本人って公共の場でくつろぐのが下手というか、下品になってしまいがち。でもここは海外の公園のような爽やかさがあります。

**倉** ケヤキ並木から明治神宮の杜に流れ込むような緑や、キメ顔の代々木体育館も東京らしい風景。屋上からの眺めも新鮮です。

東急プラザ 表参道原宿● 2012年竣工、設計 中村拓志（NAP建築設計事務所）/竹中工務店。東京都渋谷区神宮前4-30-3

## 小商いの場、コープオリンピア。

**み** コープオリンピアにはつき合いのある出版社があり何度か入ったことがありますが、やはり格好いい。名前の通りオリンピック時代の建物ですよね。

**倉** 完成は65年。東京オリンピックの翌年に完成した高級分譲マンションです。建物の高さがケヤキ並木にちょうど合っています。タイルの色味はプランターのように緑を引き立てている。華美でない奥ゆかしさが、上質な安心感につながっています。

**み** 私、65年にできた代官山のビルに昔居たのですが、取り壊されて…。ちょうどいま、その年代のものって微妙なのかも。

**倉** でも最近はヴィンテージマンションと呼んで、専門のサイトもある。造りはしっかりしてるんですよ。

**み** 私もそれ、よく見ています。原宿の古いマンションを仕事場にしている友人も何人かいて。雰囲気がいいと仕事もはかどるそう。

**倉**　小商いというか、企業とかチェーンじゃなくて個人レベルで試行錯誤するビジネスの息吹を感じられる街じゃないと、気持ち良くないですよね。コープオリンピアのように、個人の仕事や暮らしがチラチラ見えるのが健全な都市の形だと思いますね。

**み**　最近では、古いビルを若いクリエイターに貸して建物も街も再生させようという動きが、特に東京の東側にありますね。地方の古いビルもそう。利用することで、建物も輝きをとり戻すみたい。

**倉**　一度壊しちゃうと、当然のように高層オフィスビルに変わって、都市の深みを失いやすいんです。

**み**　原宿駅の先の原宿アパートメンツも古いマンションで、あそこにも同年代の知人の事務所がありました。駅前で、若い人でも借りられるっていうのがいいな。

**コープオリンピア**●1965年竣工、設計 清水建設。東京都渋谷区神宮前6-35-3

**倉** そういうことができない街は、次が生まれる余地がないから展開しない。新旧の建物が混在してることが重要じゃないかな。

**み** いま渋谷駅前に新しくオフィスビルができても、私はきっと借りられないですから…。

**倉** 都市の多様性は、実は建物の多様性に束縛されている。だからこそ、古いビルって貴重です。

## JR原宿駅、再び過去の東京へ。

**倉** JR原宿駅も実は可愛いんです。完成は大正時代の木造の駅。

**み** めちゃくちゃ可愛い！…人の多さに紛れて、立ち止まったことなかったなあ…。多摩とか軽井沢とか、避暑地にありそうな建物。こういうの、ハーフティンバー様式というんですよね。この間、旅行で訪れた雲仙観光ホテルというクラシックホテルと同じ。

**倉** まさに、緑豊かな田園の雰囲気。実際に当時、ここは東京市の外側、豊多摩郡でしたから。屋根の上の塔も、変化に富んだ明治神宮の緑に合っています。

**み** そういえば、原宿駅には皇室専用のホームがありますよね。それから初詣客のための臨時ホームも。明治神宮の存在があってこその、特殊な駅なんですね…。

**倉** でも、駅のデザインは和風じゃない。ここで再び「和洋のどっちが正統なのか問題」が…。明治神宮の創建と同時にできた表参道の並木もケヤキですし。

**み** 日本的であるならば、普通は桜並木になるでしょうね。

**倉** そういう意味でも、明治という時代から、和と洋をなんとか合わせるという冒険に日本がこぎ出したんだと街のあちこちから改めて伝わってくるのがこのエリア。明治が終わり、建設された骨格が変容して、いま最先端の建築が花開いている。今日みのりさんと歩いて気づいたんだけど、その多くに「緑と建築の関係」というテーマが共通している。その解釈が時代や建築家ごとに異なっていて、それぞれの個性が読みとれる。これも場所の歴史性ですね。**東**

**JR原宿駅** ● 1924年竣工、設計 鉄道省。東京都渋谷区神宮前1-18-20

COLUMN: みのりさんのお気に入り

# 憧れの洋館、和朗フラット。

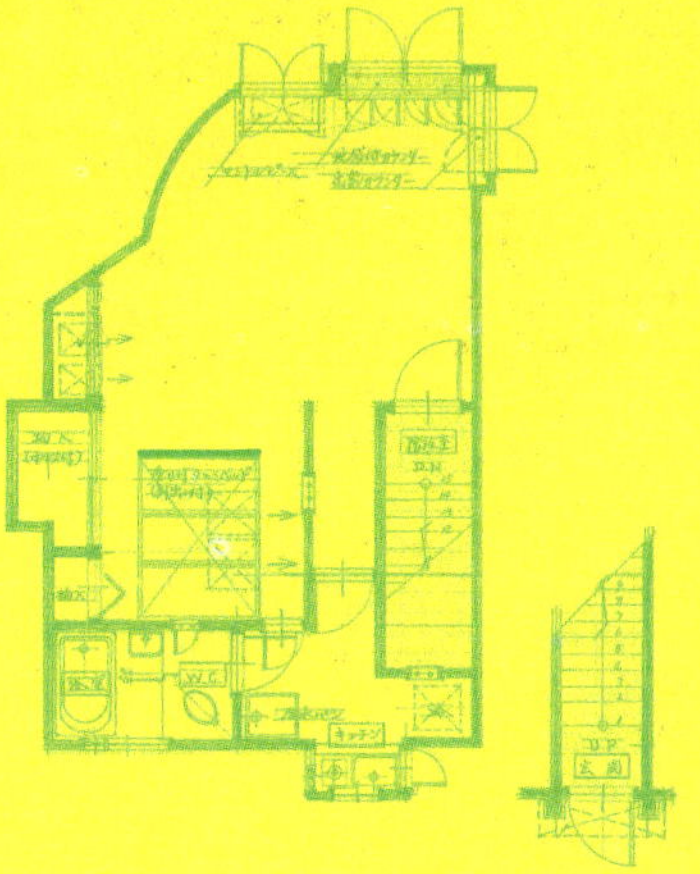

住まいとは別に初めて仕事場を構えたのは、代官山の八幡通り沿いにあった「代官山パシフィック」というビルの1室。東京オリンピックが開催された1964年に建てられ、元は汽船会社が所有していたから太平洋を意味する「パシフィック」の名がついたと隣人から聞いたことがあるが、まるで貨物船のようにどっしりとした構えのビルだった。私が契約した2003年頃は店舗と事務所使用のみという条件だったけれど、昭和までの時代はモダンな集合住宅として、俳優に芸術家と著名人も生活していたらしい。私が借りた部屋にも、かつて暮らしの場だった名残りとなる、外国のホテルのようにゆったりとしたユニットバスとミニキッチン、大きな窓と空調設備があった。ひとつ上の階には懇意にしていたデザイン事務所が、代官山の目抜き通りとなる八幡通りに面した1階には洋服店や雑貨店が入居し、居心地も仕事も快調。ところが入居4年目、しばらく腰を落ち着けるつもりでいたところに老朽化にともなう取り壊しが決まって退室。それから新たな仕事場探しが始まった。

最初はヴィンテージマンションなどを紹介するwebサイトを見て、気になる物件を内見したが、なかなか条件に適うものは見つからない。そんなことを、ある仕事の担当編集者に話したところ、「そういえば、和朗フラットに空き情報が出ていましたよ」と、思わぬ情報を得た。彼女とは古くて物語に出てきそうな洋館好き同士気が合って、ちょうど少し前にその建物の話をしていたのだ。大島弓子の漫画の主人公が暮らしているのは、あんな佇まいだろうと。さっそく不動産屋を教えてもらい、内見のアポイントメントをとった。

和朗フラットは、昭和11年前後、スペイン村と呼ばれていた港区麻布台に建てられた洋館造りのアパート。農業研究者で、建築や美術品に造詣が深く趣味でもあった建築主自らが、アメリカを旅して見た西海岸のコロニアル式住宅をモデルに設計したといわれている。元々は5棟あったが、東京大空襲で焼失したり取り壊されたりで、現在残っているのはその内3棟。どの部屋も、漆喰の壁に板張りの床。できる限り設計主の理想を保ったまま、水回りや空調などは丁寧にリノベーションされている。それぞれ異なるオーナーが管理しているらしいが、4号館の公式ホームページを見れば、70年以上経った今も大切に使われているのがわかる。大部分が現役の一般住宅なのだけれど、一部でカフェやギャラリー営業している部屋もあり、清楚でロマンチックな建物に触れることができる。ゆえに洋館好きの間では、よく知られた存在なのだ。

私が内見したのは、小さなキッチンとユニットバス、それから飾りの暖炉がついたワンルームの部屋。その名の通り、和やかで朗らかな光が差し込むこの部屋でなら、どんなに穏やかな気持ちで書きものができるだろうと夢を抱く。しかし、雑貨の製造・卸しもおこなう私にとって、現実的には商品を収納するたっぷりのスペースが必要で、仕事場にするには難しいと諦めざるをえなかった。

いつかきっと、あの部屋を借りよう。そのときまで、20年先も、30年先も、住む人たちに守られながら、詩的な趣を留めていてほしい。

※写真、図面すべて和朗フラット弐号棟

協力／Gallery SU、ジェイ・ネットワーク
和朗フラット4号館http://www.warouflat.com/

# 上野公園

野外建築ミュージアム。

**建築散歩ルート**

1 JR上野駅
2 東京文化会館
3 国立西洋美術館
4 国立科学博物館
5 東京国立博物館
6 東照宮第一売店

モンスター級（?）の建物がずらりと居並ぶ上野公園は、まるで屋外にある建築ミュージアム。自然、美術、命…さまざまなテーマを抱える建物を、倉方さんとみのりさんがひとつひとつ読み解きます。

## 大ターミナル、JR上野駅。

**み** 今日のスタート地点はJR上野駅。初めて上野駅を訪れたときに中央改札の上にある猪熊弦一郎の壁画にまず目がとまり、空間を強く意識するきっかけとなりました。壁画って、建物のアクセサリーみたいですね…。

**倉** 時代を象徴する壁画。何といっても、タイトルが「自由」。壁画が据えつけられた1951年にサンフランシスコ講和条約が結ばれて、翌年から晴れて日本が独立国になると決まりました。老若男女が思い思いの格好をしている絵柄もストレートに自由。絵に描いたような戦後民主主義ですね。上野駅はこの後、自由

と不安を抱えて降り立った集団就職の若者を迎えます。そんな60年間を見守り続けてきたんだなあ。

**み**　上野駅は、上京して生活をスタートさせる地として映画やドラマにも多く登場します。小津安二郎『東京暮色』や黒澤明『素晴らしき日曜日』…、映像として最も残ってる駅かもしれない。

**倉**　なるほど、今日はスタートの場所からスタートだ（笑）。本来「ターミナル」は終着駅という意味ですが、到着や旅立ちの物語性をいまも空間で感じさせるのは上野駅くらいですよね。

**み**　多治見や瀬戸など陶器の産地が近いからか、名古屋には街中に壁画がありました。いつか、そんな壁画を見る旅をしてみたくて。

**倉**　それはいい。駅やロビーの壁画は戦後遺産なんです。芸術を大衆に、という風潮の中で、芸術家と建築家が協働した。猪熊弦一郎は丹下健三設計の旧香川県庁舎（1958年完成）のロビー壁画も制作した、その第一人者ですね。

**み**　この上野駅自体は古い建物なのでしょうか？

**倉**　建物は戦前に完成しました。10年ほど前のリニューアルで、歴史を生かした内外観が甦った。コンコースを明るくして鉄骨屋根を上手に見せたり、出札窓口があった吹き抜けをギャラリーにしたり。

**み**　外からも眺めてみましょうか。駅の正面…はこちら？

**倉**　わかりづらいですけど、東側が正面にあたります。当時は1階と2階で乗降客を分離したり、貨物専用スペースを多く用意した合理的な駅だったんですよ。

**み**　時計がいいですね。幼い頃、駅を描くときは必ず時計も描きました。両国駅にもありましたが、いまはそういう駅って少ない。

**JR上野駅**●1932年竣工、設計 鉄道省。東京の「北の玄関口」として機能するターミナル駅。壁画のほか、パンダ像や朝倉文夫のブロンズ像も。東京都台東区上野7-1-1

**倉**　そもそも駅と学校が時計の元祖。明治時代に鉄道が走り、学校ができて、みんな時間を守らされるようになった（笑）。いまは個人で時計をもつようになり、駅との関係が薄くなりました。私たちが、駅の絵に時計を描く最後の世代かも。

**み**　なるほど…。では、上野公園へ参りましょう。

## モダニズム建築、東京文化会館。

**み**　まずは東京文化会館へ…。

**倉**　ここは東京で最初の本格的な音楽ホール。前川國男という建築家の代表作でもありますね。計画が始まった1953年頃、この辺りは戦後に家を失った人々が身を寄せていて、いまのような文化ゾーンではなかった。駅すぐという立地も「音楽を聴く」気持ちの切り替えには難しい条件で。

**み**　そうか、駅から近すぎてコンサート後の余韻がない。

**倉**　そんな諸条件をプラスに変えられることを、前川はモダニズムの作風で証明したんです。戦前型の音楽ホールだと、まず入口の階段で人を上がらせ威厳を保ち、内部は厚い壁で囲い、外と断絶したインテリアで文化的な雰囲気を作りあげる。しかしこの建物は入口の段差すらなくフラットで、ガラスの壁から中の様子が見える。公園の木はロビーのインテリアになり…逆転の発想で、完成当時はさぞ斬新だったでしょうね。

**東京文化会館**●1961年竣工、設計 前川國男。クラシック音楽やバレエ、オペラなどを行う大・小のホールを備える。東京都台東区上野公園5-45

**み**　入口の赤色は開館時から？この色、すごく目に留まります。

**倉**　最近リニューアルし、赤と青の入口や紺色の天井といったル・コルビュジエの弟子らしい色づかいが踏襲されました。

**み**　早速ロビーに入りましょう。

**倉**　一見シンプルだけど、見上げると天井のライトは天の川をイメージした配置で、床のタイルも落ち葉が散ったみたい。細かいところまで気を遣って設計しています。

**み**　不思議。夜空のよう…。

**倉**　建物内部だけど、外部のようにデザインしてる。大きなガラス面で外とつながってるから「空」があったり「落ち葉」が散っても変じゃない。自然を嫌味なく抽象化し、外の気分と連続させて。要するに、ここは好きな場所に佇むことができる建築的公園なんです。

**み**　いわゆる音楽ホールの豪華さとは違う楽しさですね。

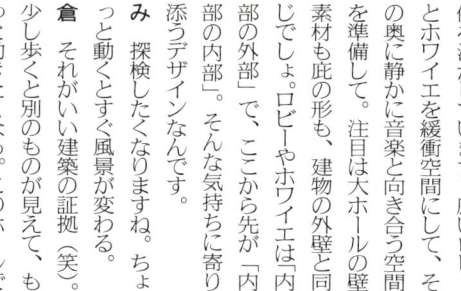

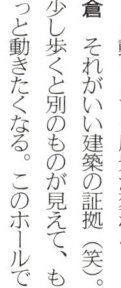

**倉**　独立した柱も太い幹みたいだし、構造体をむき出しにすることで、むしろ構築物にとり囲まれた閉塞感をなくした。公園という条件を活かしています。広いロビーとホワイエを緩衝空間にして、その奥に静かに音楽と向き合う空間を準備して。注目は大ホールの壁。素材も庇の形も、建物の外壁と同じでしょ。ロビーやホワイエは「内部の外部」で、ここから先が「内部の内部」。そんな気持ちに寄り添うデザインなんです。

**み**　探検したくなりますね。ちょっと動くとすぐ風景が変わる。

**倉**　それがいい建築の証拠（笑）。少し歩くと別のものが見えて、もっと動きたくなる。このホールで

ビビッドな赤色が効いたエントランス。

クローク

音楽を聴く機会があれば、耳はふさがっていても目はあいてるので（笑）、ぜひ中の壁面も見てほしい。大ホールのレリーフは彫刻家の向井良吉、小ホールは流政之による芸術作品。これも戦後らしい、芸術家と建築家との協働の試みといえますね。

## ル・コルビュジエ作、国立西洋美術館。

**み**　次は国立西洋美術館です。一見普通の美術館のようですが…。

**倉**　実は20世紀を代表する建築家ル・コルビュジエの国内唯一の建築なんですよ。川崎造船所の社長などを務め、美術蒐集家としても有名だった松方幸次郎の膨大なコレクションの一部が、第二次世界大戦によってフランス政府に没収されてしまう。戦後、美術館の設立という返還条件で作品が戻ってきた際、外務省が気を利かせてフランスの建築家に美術館設計を頼もうとなり、実現したもの。そもそも、海外建築家の作品が国内に建つこと自体がほとんどなかった時代なので。

国立西洋美術館 ● 1959年竣工、設計 ル・コルビュジエ。フランス政府から寄贈返還された松方コレクションを基礎に、西洋美術に関する作品を展示。東京都台東区上野公園7-7　©国立西洋美術館

**み**　特殊な関係性から生まれた美術館なんですね。

**倉**　しかしコルビュジエから届いた図面には、細かい寸法や外壁の仕様どころか構造や空調をどうするかさえ描かれてない。コルビュジエは、新しい理念を備えた形態の提案が建築家の主たる仕事であり、細部を詰めて実現させるのは別の人という考え方だから当然なのですが、建設には不慣れな外務省が担当していたので、コルビュジエに設計料を全額支払ってしまった（笑）。それでコルビュジエの弟子に泣きついて、前川國男と坂倉準三と吉阪隆正が無償で実施図面まで仕上げたという…。

**み**　すごい子弟愛（笑）。この建物の特徴は?

**倉**　四角いらせん状の展示空間など、コルビュジエ独特の「無限成長美術館」のアイデアが基になっていて、その点ではインドのアーメダバードのサンスカル・ケンドラ美術館（１９５７年完成）、同じインドのチャンディガールにある美術ギャラリー（１９６８年完成）と三つ子とされています。でも、実際に訪れたら印象はだいぶ違いましたね。国立西洋美術館は公共建築としてはこぢんまりして、精緻に造り込まれている。館内の各所に固有の性格があるコルビュジエの邸宅のような味わいと、彼らしい理念性が感じられ、1館で2度おいしい。屋根の上に三角形のでっぱりが見えますよね?

**み**　あっ!　なんだろう?

**倉**　三角形の内側がガラスになっていて、そこから展示空間に光を入れる装置を考えた。絵画は自然光を嫌うから、塞がれてしまいましたけど。

**み**　工夫が凝らされてるんですね。弟子である前川國男の東京文化会館の横顔を見守るように建つ位置関係も面白いなあ。

## 国立科学博物館とステンドグラス。

**み**　国立科学博物館は、実は上野公園の中で一番好きな建物。日本館のステンドグラスが好きで。建物も、上から見ると飛行機の形をしてるんですよね。私、科学って言葉に囚われて食わず嫌いをしていたんですけど、いまでは半年に1回は来てるんです。

**倉**　ほんとね。科学とあるけど、実は生き物に関わる展示が多いので、とっつきやすい。

**み**　あのハチ公や南極地域観測隊の樺太犬・ジロ、女性のミイラも展示されていたり。

**倉**　１９３１年に完成した本館にしても、入口部分はオーソドックスに威厳をもたせつつ、建物の角は丸めてアール・デコ風。

**み**　命を感じる展示ですね。

**倉**　科学と生命を結ぶ博物館の性格をステンドグラスが象徴しています。鳥を様式化した原画は伊東忠太で、それを神秘的な色彩に置きかえたのが小川三知のスタジオ。同年生まれで、ジャンルは違えど、同じ大正時代らしい生命主義の芸術家のコラボレーションです。

**み**　小笠原伯爵邸や京都の柊家旅館にも小川三知デザインのステンドグラスがあったので、またじっくり見てみたい。そういえば、東京都美術館も今年春に新しくなっ

**国立科学博物館** ●1931年竣工、設計 文部省。1877（明治10）年に創設された日本で最も歴史のある総合科学博物館。東京都台東区上野7-20

と分化の足跡
III
01

館内のいたるところにステンドグラスが。

たんですよね。

**倉**　耐震補強などを加えて、再開館しました。設計は東京文化会館と同じ前川國男ですが、一見すると雰囲気が違いますよね。打ち放しコンクリートではなく、外壁に打ち込みタイルという技法を用いた、1975年に竣工した後期の作品です。でも、これもレンガや鉄やガラスといった、素の材料のもち味で勝負しています。内部と外部や、内部空間同士で気持ちよく視線も抜ける点も同じ。実は結構リニューアルで手を加えていて、エントランスは階数が増えてるし、新築した棟もあります。しかし印象は以前と変わらず、より解像度が増した感じ。もとの建築の本質を延長した改修だからでしょうね。日本の公共建築でも屈指の、知的な施設の再生として好ましい。

**み**　江戸東京たてもの園の前川國男邸も、ごてっとせず、潔さを感じました。

**倉**　考え抜かれてますよね。設計も素材もホンモノなら、正しく磨けば現代的な輝きはとり戻せる。建築を通して、建築だけじゃない真理がわかります。

## 建築史の教科書、東京国立博物館。

**み**　では、東京国立博物館へ。立派な建物が3つ見えますが…。

**倉**　ここはいわば建築史の教科書。明治末、昭和戦前、戦後と、それぞれの特徴がよくわかる建物が並んでいます。完成したのは約30年おきと覚えておきましょう。

**み**　まずは表慶館へ。向かって左側の建物ですね。入口の左右にあるライオン像、迫力ある。

**倉**　当時皇太子だった大正天皇のご成婚に慶びを表して1908年に完成した館だから「表慶館」。赤坂離宮（現・迎賓館）を手がけた片山東熊の設計なので、感じが似ていますよね。内部の見どころは1階からドームまでの吹き抜け。

**み**　入ったとき、日本の美術館っぽくない感じがして新鮮でした。ひんやりした感じというか。

**倉**　ヨーロッパを訪れると、教会にしても宮殿にしても巨大で、自分がちっぽけに感じます。私たちはどうしても身の丈というか、服の延長みたいな感覚で建物を捉えがちですが、建築は人間にフィットしないから大事という考え方もあるわけです。人間なんかに左右されないからこそ、すばらしいと。

**東京国立博物館 表慶館**●1908年竣工、設計 片山東熊/高山幸次郎。大正天皇ご成婚記念に計画され、1909年に開館。明治末期の洋風建築を代表する建物として重要文化財に指定。現在休館中。東京都台東区上野公園13-9

**み**　確かに、教会や修道院も異空間という感じがします。

**倉**　そういうオーソドックスな西洋の建築のあり方を体感できるのが表慶館。明治の日本人は、がんばってこれを学習しました。

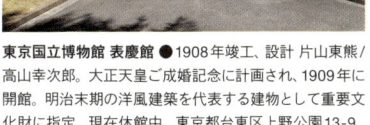

**み**　続いて、本館へ。小津安二郎の『麦秋』には博物館の庭で老夫婦がお弁当を食べるシーンが登場し、かつての本館の様子を映画で味わいました。

**倉**　ここは1938年の開館。1931年のコンペで1位をとった渡辺仁が基本設計を行いました。銀座の服部時計店（現・和光）、横浜のホテルニューグランド、品川の原邦造邸（現・原美術館）なども彼の設計ですね。当時でも既に保守的だった西洋の博物館スタイルで、中央に吹き抜けのホール、左右に展示室がのびている。そこに瓦屋根をのせて、アジア的な様式建築に果敢に挑戦した。案外違和感がないでしょう？　それは中国や東南アジアの建築も参考に、

軒の出を少なくしたり、2階部分までを石積みの壁のように見せたデザインのおかげ。日本がアジアの文化を代表するんだという当時の気概の産物です。

**み**　公園の中心にドーンと構えた大黒柱みたいな存在ですね。

**倉**　これくらい重々しくないと、巨大な公園のアイストップにならない。都市的なものまで全部受けとめて建つ強さがありますよね。だからこそ安心して、変えるところは変えられる。

**み**　噴水がその威厳を緩める役目を果たしてて、良い組み合わせ。これも意図的なのかな。

**倉**　建物が単独であるんじゃなく、噴水と一体になって計画されていますよね。軸線が不忍池まで一直線に通って成立している。本館に入館するには、まず階段を上がります。ホールは厚い壁で覆われていて、目の前の大きな階段などが、外とは違う圧倒的な雰囲気を作っている。さっき見た前川さんの建物と見事に対照的です。

**み**　威圧的だけど、ところどころの飾りは可愛らしい。

**倉**　そう、それがこの博物館のチャームポイント。公園に対する構えや空間構成は固いけど、細部装飾がやわらかい。欄間や階段の唐草文様にしても、見ていてほっとする。良くいえば繊細、悪くいえばチマチマしてて…。日本的なものを世界的にする難しさについても考えさせられます。

**み**　照明はシャンデリア?

**東京国立博物館 本館** ●1937年竣工、設計 渡辺仁/宮内省。東洋風を強く打ち出した建物は重要文化財指定。日本美術を時代の流れとジャンル別に展示。東京都台東区上野公園13-9

**倉**　和風のシャンデリアですね。日本の伝統と西洋のインテリアをどう混合するかについては、明治21年に明治宮殿が木造の和洋折衷で造られた頃から長いとりくみがあり、ここに結実しています。

**み**　それをできるだけの職人さんがいたということですね。

**倉**　実施設計を担当したのは、宮内省内匠寮という皇室関連の営繕部門。そこには高い技術をもった匠が集まっていたんですよ。

**み**　まさに職人技ですね。

**倉**　では、次に東洋館を見ましょうか。こちらは戦後の１９６８年で、設計は谷口吉郎。モダニズムですが、縁側のついた和風建築を抽象化している。本館のほうが東洋的で、東洋館のほうが日本的というのも少しおかしいですけど。

**み**　一見体育館みたいで（笑）。

**倉**　外観はすっきりした水平基調ですが、入ってびっくり。各階の床がずれたダイナミックなスキップフロアの空間になっています。彼は日本建築の繊細さを細かい格子のプロポーションで表現するのが上手。帝国劇場ビルの外装などもそうですね。あとはタイルを駆使して、伝統的な素材感と相通じさせています。金沢の九谷焼の窯元の家に生まれたのもあるでしょう。タイルも焼物ですから。

**み**　２０１３年のリニューアルオープンが楽しみ。耐震補強工事では、元のデザインを損なわないよう細心の注意が払われたとか。早く中に入ってみたいです！

**倉**　吉郎の息子さん、谷口吉生の設計した法隆寺宝物館も見てみましょう。また30年後で、今度は平成。

**東京国立博物館 東洋館** ●1968年竣工、設計 谷口吉郎／建設省。東京都台東区上野公園13-9

## 繊細な美しさ、法隆寺宝物館。

**み**　親子二代で一流建築家、そして同じ場所の中に建っているというのも珍しいですよね。

**倉**　繊細なプロポーションや素材選びで、日本的であることとモダニズムを一致させようとするのは父と共通していますが、吉生さんのほうが、より形が消えている。法隆寺宝物館って、外側のラインがはっきりしないでしょう？　水平に出た軒や細い列柱で領域を規定しつつ、手前の水盤も建築の延長のような設計です。壁で囲わず、内外を連続させているから、本館よりも東京文化会館に近い。しかも、それらが日本の伝統的な軒下や縁側などを連想させる。でも父と違い、直接に形は引用せず、厳選した素材のみを丹念に組み合わせる設計と施工で、日本的な空間と空気感を生み出しています。

**み**　全て直線ですね。潔い。

**倉**　よく見ると、柱や縦桟の割り

付けから、壁の部材、水盤の柵まで、視界に入る全ての寸法が合っています。空間のバランスがいいのはもちろん、余計なものが隠されているから品格ある空気感が生まれる。互いに素材も違うし、とりつけの順番もあるから、合わせるのは大変です。設計するときに配慮がいるし、施工の技術も必要。

**み** 建築が数学的であることを改めて感じます。

**倉** 妥協を許さない巨匠ですね。施工側も谷口さんだからここまで徹底するだろうし、「足元注意！」なんて紙ひとつ貼られていない。完成後の管理も公共建築とは思えないすばらしさ。そんなふうに周囲を動かすのも巨匠の能力のひとつでしょう。中2階の資料室もまるで高級ホテルのようで格好良すぎ（笑）。

## 昔の駅跡と上野の芸術文化。

**み** 上野育ちの映画監督、井口奈

**東京国立博物館 法隆寺宝物館 ●**
1999年竣工、設計 谷口吉生。明治11年（1878）に奈良・法隆寺から献納された宝物300件あまりを収蔵・展示。東京都台東区上野公園13-9

己さんが博物館動物園駅をよく利用したと語っていました。地下にはペンギンなどの壁画があって、東京藝大の学生さんが描いたとか。

**倉**　現役を退いた駅が残っているのは珍しい。

**み**　上野動物園の旧正門もまだ残されていて、こちらも『生まれてはみたけれど』『素晴らしき日曜日』などの小津映画で現役の姿を確認できます。

**倉**　動物園駅というと大衆的な印象ですが、このデザインだと「帝室博物館横」が相応しい（笑）。戦前は、国立博物館は帝室博物館と呼ばれて、宮内省の管轄下にありました。その敷地内に造られたのでモニュメンタルだけど、小さいからどこか可愛らしい。

**み**　国会議事堂のデザインみたい。

**倉**　さて、この通りの左側が昔の東京美術学校で、右側が東京音楽学校ですね。戦後に統合された東京藝術大学は、２つの学校の名残を留めています。１９３５年に建った正木記念館は鉄筋コンクリート造で和風、しかも2階は畳という変わった建物。法隆寺のようなふくらみをもつ柱と屋根は1913年築の旧東京美術学校本館の玄関部で、1972年に移築されました。その隣が陳列館。1999年に正門右手の大学美術館が完成するまで長く大学の顔となるギャラリーでした。スクラッチタイルの外壁や2階部分にほぼ窓がないところなど、黒田記念館に似ているので、後で見比べましょうか。

**み**　道路の向かいが音楽学部。木立の向こうにレンガ造の建物が2棟見えますね。

**倉**　一度とり壊しの話が出たけど、モルタル塗りの下からレンガが出てきて、都内では貴重な明治10年代のレンガ造建築だと判明し急きょ保存されたという逸話が。上野公園にある奏楽堂も元は音楽学部のキャンパスの中にあって、保存運動の結果移築されました。滝廉太郎はじめ錚々たる人が演奏した。

**み**　文化的なエピソードに満ちたエリアですね。東京藝大といえば、

**博物館動物園駅跡** ● 1933年竣工、設計 中川俊二。京成電鉄の駅として1997年まで営業。東京都台東区上野13-23

近くの愛玉子《オーギコーチー》というお店には横山大観はじめ、のちに日本を代表する芸術家たちが座ったという「出世の椅子」がある。国際子ども図書館もすばらしい建物で、本を読むときに影ができないように照明まで工夫が凝らされていて。

**倉**　1906年に開館した旧帝国図書館にガラスの箱を追加したのは大胆ですが、おかげで遠くからしか見えなかった壁の装飾が手に取るようにわかる。想定外に近づいても、ガッカリさせないんだから、昔の装飾はたいしたもの。新しく手を加えることで潜在的な面白さが浮かび上がる。こんな手法をリノベーションといいます。良い例が公共建築でもっと出ると、街は深みを増すでしょうね。

## 超合理的建築、黒田記念館。

**み**　黒田記念館は、耐震問題で休館中なんですね。私、一度も入ったことがないんです。

**倉**　黒田清輝《くろだせいき》は日本近代洋画の父といわれる画家。偉い子爵であって、彼らしく遺産の一部を美術の奨励事業に役立てるように遺言しました。設計は黒田と同じ東京美術学校の教授を務めた岡田信一郎。1930年から2000年まで美術研究所と後身の東京文化財研究所が置かれました。美術研究の前進に大きく貢献した場所なんですね。先ほどの陳列館、現在の東京都美術館の場所にあった東京府美術館、そしてここが岡田の美術館三部作。共通点も多いです。

**み**　その岡田信一郎さんはどんな建築家だったんですか?

**倉**　お堀端の明治生命館、とり壊されてしまった歌舞伎座など、さまざまな様式を駆使した戦前の大家です。合理的な側面ももっていて、例えばこの建物、堂々とした風格ですが、よく見ると装飾物は多くない。様式的な装飾を中央部に集中的に配置し、かえってもち味を存分に語らせている。そんな選択と集中が、岡田の冴えたとこ

ろです。様式建築として特に変わっているのが、2階左右の処理。窓のない壁面がずっと続いてる。

**み** 本当だ。壁しかない…。

**倉** 東京府美術館でも同じ手法を採用し、さらに長く無窓の壁面が伸びていました。これは窓を開けずに上部から光を入れたほうが展示室の明るさが均質になるし、構造的にも強くなるという合理的な考え方によるもの。それでも普通は盲窓などをデザインして間をもたせますが、岡田は「装飾のための装飾ではなく、必要性から出た形から様式建築を構成すべき」との考えを抱いていたからそうしなかった。バランスのとれたプロポーションによる隠れたオーダーがあり、無窓にすることでスクラッチタイルの素材感を一層引き出しているから、違和感はない。様式の本質を使いこなしています。

**み** 確かに、窓のない違和感に気がつかなかったです。

**倉** そうした自然なやり方が、建物に揺るぎない存在感を与えています。いつも感心するのは、前面の並木が建物に似合うこと。晴れた日には無窓の壁面に木の影が映り込んでキャンバスのようになり、夏は青々とした木の葉の背景にもなる。要点を得て自然だから周辺との一体感が生まれるし、揺るぎない存在感は変化を受け入れられるのだと教えられます。

**み** 私がいいなと思うのは、どの時代に建てられていても、移り変わる街の風景に馴染んでいる建物です。上野公園一帯の建物は、それぞれ竣工年や設計者が違っていても、まるで手をとり合うように共存しているようですね。

**黒田記念館**●1928年竣工、設計 岡田信一郎。帝国美術院附属美術研究所として開所。耐震工事のため現在休館中。東京都台東区上野公園13-43

## 上野公園は野外建築ミュージアム。

**み** 最後に、少し歩いて上野公園らしい場所でひと休みしませんか。動物園近くの東照宮第一売店はいかにも昭和の売店といった趣が残るお店。明るいうちからビールで1杯もいいし、夏だけの名物パンダそうめんも可愛らしくて。噴水前にはこの春、スターバックス上野恩賜公園店ができましたが、既に人気スポットです。韻松亭や上野精養軒のような老舗もあり、懐かしさと新しさが混ざっている。

**倉** 上野公園はレトロなようで徐々に変化していますよね。公園は外とは違う憩いの地という点では変わらないけど、楽しみのありようは時代と共に変化する。つくって固定するんじゃなくて、社会を公園なりに映して更新しないと機能しない。それがうまくいっていった、東京の良い公園だと思います。

**み** 上野公園が建物を楽しむ場所

だということも今日改めてわかりました。建物の背景を知ると、ただのコンクリートに見えていたものが違って見えてきて。

**倉**　それが建築の面白いところです。美術館の建物は、来館者にとってはただの作品を入れる箱。でも、それ自体を美術品として鑑賞することもできる。いわゆる美術品って最初から「これは美術だ」と意識しちゃう。屋外彫刻もそうだし、先入観なしにアートと出合わせようとするパフォーマンスアートやインスタレーションも、たいていは気付いちゃいますよね。でも建築の場合は見方を切り替えたときに突然、美術品として浮上する。純粋な美術品としては中途半端だけど、アートとしては勝ってるんじゃないのかしら（笑）。

**み**　それは新説（笑）。上野公園は言葉通り芸術の森ですね。

**倉**　その発祥の地ですから。元々は江戸時代に隆盛を誇った寛永寺の敷地ですが、彰義隊の戦いの後、明治10年代に、現在は法隆寺宝物館に収蔵されている宝物、帝室博物館のような建物、東京美術学校のような制度が組み合わさり、新しい芸術の概念が上書きされていきました。その後の芸術のさまざまなステージに建築も関連していて、歴史をたどれる。

**み**　1日では全然まわりきれないので、もっと通わなくちゃ。

**倉**　自分なりのテーマをもつといいかも。今日は谷口親子を見るとか、西洋美術館と文化会館で子弟をつなぐ。あるいは、動物園と科学博物館で自然科学と建築との関係を考えるとかね。

**み**　映画ロケ地やグルメ巡りも。いまはパンダグッズもたくさん。パンダ焼き、パンダパフェなど、新名物もたくさんありますよ！**東**

**東照宮第一売店**●1951年竣工、設計者 不明。東京都台東区上野公園9-86

COFFEE BREAK

## パンダと共に現れた名物・パンダそうめん。

昭和26年から営業している上野公園内売店。大きな桜の木の下で踏んばるトタン造りの古い建物は、「創業時よしず張りだったのをシャッターにしたの以外、ほぼ変えていないよ」と店主が語るとおり、当時の姿をそのまま残している。人なつっこい店構えと「カレーライス・親子丼・おでん・五目肉うどん」の文字に惹かれ、平日でもひっきりなしにお客が出入りする。

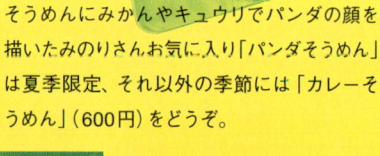

そうめんにみかんやキュウリでパンダの顔を描いたみのりさんお気に入り「パンダそうめん」は夏季限定、それ以外の季節には「カレーそうめん」（600円）をどうぞ。

7～9月のみ登場の名物・パンダそうめん650円。1972年、ランランとカンカンが来日して以来続くメニュー。

**東照宮第一売店**●東京都台東区上野公園9-86　🕒11:00～17:00　月曜休、祝日の場合は営業　☎03-3823-3879

カレーライス 親子丼 おでん 五目肉うどん
味の店
お食事
氷
ざるそば
冷しつけめん
ITO EN
東京上野パンダ名品
しょうゆせんべい
¥400
焼そば
ラーメン
玉子丼
親子丼
おでん
ところ天

「あえて行く」東京の中心。

# 丸の内—日比谷

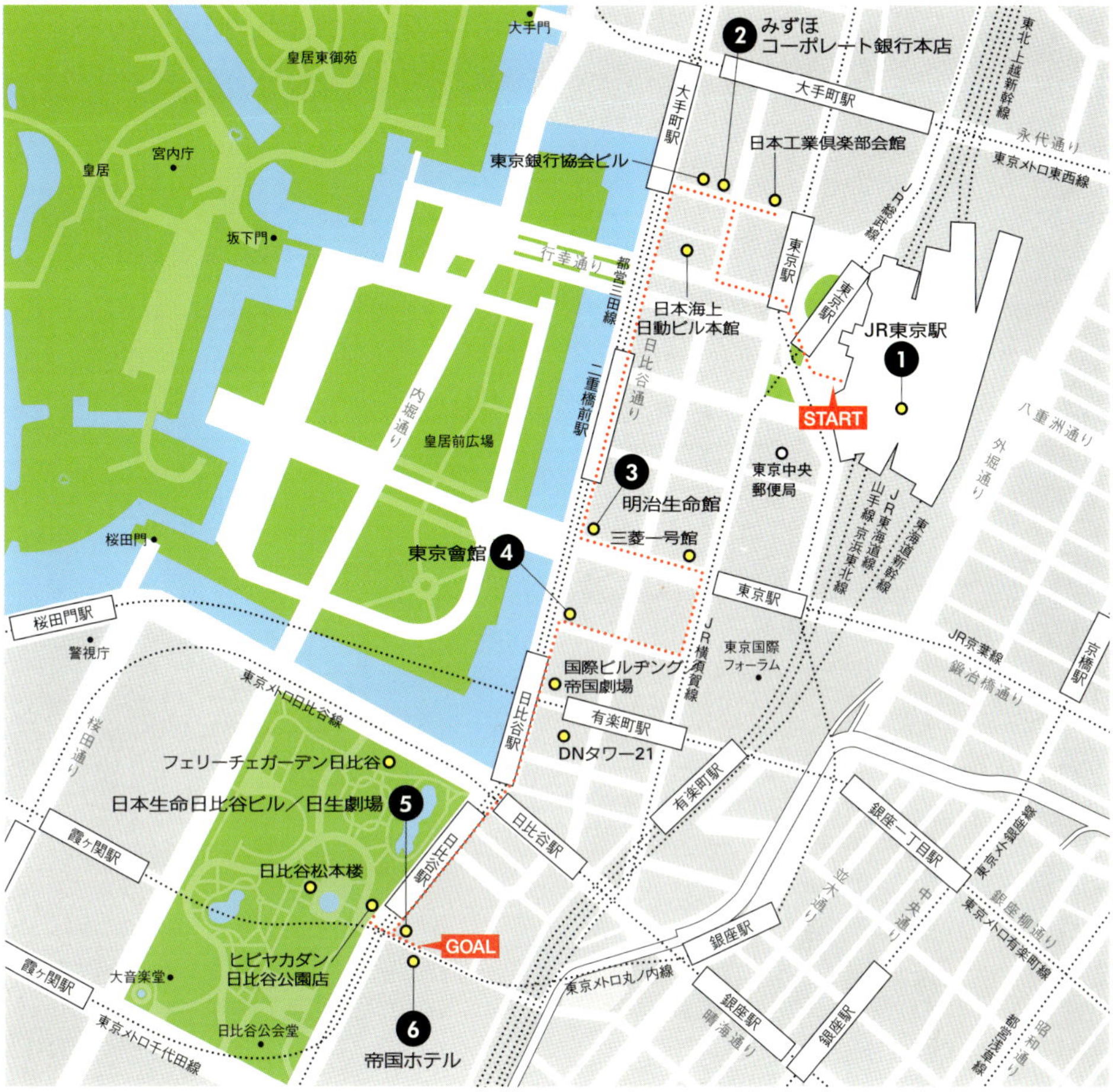


**建築散歩ルート**

❶ JR東京駅 … ❷ みずほコーポレート銀行本店 … ❸ 明治生命館 … ❹ 東京會舘 … ❺ 日本生命日比谷ビル／日生劇場 … ❻ 帝国ホテル

歴史的な建物がさまざまな形で残る丸の内〜日比谷エリア。意外と訪れることがない「東京の中心」の魅力を、倉方さんとみのりさんが探ります。

## 新しくなった東京駅を眺めて。

**み**　私は東京に来て10年経ちますが、東京駅前に立って改めて風景を眺めたこと、なかったなあ。

**倉**　東京の中心は意外と盲点。確かに僕も建築史の研究を始めてからこの辺に来るようになった。

**み**　かつて東京駅界隈は観光名所だったそうですが、最近はまたお店が増えましたね。

**倉**　「帝都の顔」って雰囲気で、観光にもいい。東京駅は1914年の完成時の姿に復元されたし、駅から皇居にのびる行幸《みゆき》通りも整備された。晴れやかになった東京駅を眺めると、まぁ賑やかなデザインですよね。アーチ、流れ屋根、塔、統一感というより雑多な街のような感じ。その意味では、中にホテルがあり店が並んで、というのは本来の東京駅らしさかも。

**み**　東京ステーションホテルも数年かけての改装を終え、リニューアルオープンしたところ。内装はがらりと変わりましたが、川端康成原作で川島雄三監督が映画化した『女であること』では、客室から駅のコンコースを見下ろすシーンで、以前の駅の様子が伺えます。ホテルは江戸川乱歩の『怪人二十面相』や内田百閒『阿房列車』の舞台にもなったんですよ。東京駅を造ったのは辰野金吾ですよね。

**JR東京駅**●1914年竣工（2012年ドーム部など復元）設計 辰野金吾。東京都千代田区丸の内1-9

**倉**　そう、日本の建築界で大きな役割を果たした辰野の晩年の大作です。ただ、当時の建築界で大絶賛かというとそうでもなく、若手の中には「またこれか」という人もいて（笑）。「辰野式」と称される通り、後半生のものはいかにも辰野というデザイン。この駅も威厳と親しみが共存してますね。

**み**　まさか流行から外れていたとは。奈良ホテル本館、京都文化博物館別館となった日本銀行京都支店と、いくつか辰野金吾建築を取材しましたが、どれも風格がありました。

**倉**　あの右手に見える東京中央郵便局が完成したのが、東京駅からわずか17年後ですからね。真っ白で装飾なんてない。ずいぶん違うでしょ？　吉田鉄郎が設計した初期のモダニズムで、桂離宮の美を世界に広めた建築家ブルーノ・タウトが賞賛したことでも知られます。簡潔でりりしい。

**み**　記念切手が豊富でよくこちらに買いにきますが、よく見ると旧

**JPタワー（東京中央郵便局）**●2012年竣工（1931年竣工）、設計 吉田鉄郎。東京都千代田区丸の内2-7-2

局舎からすくっと近代的なビルが突き出していて異様です…。

**倉**　下が高さ31ｍの昔の建物の名残で、上が超高層。最近よく見られる手法です。31ｍというのは１９６３年に法律が改正される以前の国内の建物最高の高さで、丸の内も銀座も31ｍに軒が揃っていた。近くにある日本工業倶楽部会館は、東京中央郵便局とは違う様式主義の建築ですが、同様に以前の建物の一部を保存して超高層ビルが建っています。少し先の東京銀行協会ビルは、デザイン要素だけの貼りつけ。丸ビルと新丸ビルは全くの建て替えで、隅の丸みなどに昔のイメージを引き継いだ。最近新築したこの辺りの超高層ビルも31ｍの上下でデザインを変えて、クラシカルな感じにしています。復元、部分保存、壁面保存、イメージ継承、ただのイメージと、この一帯は近年のさまざまな「保存」手法も一覧できる場所です。

**み**　へぇ。ちゃんと建物を残そうという意欲は伝わりますね。

みずほコーポレート銀行本店●1974年竣工、設計 村野藤吾。柱のへこみ部分、緑の植え込みのバランスが絶妙。銀行本店とは思えない柔らかな演出。東京都千代田区丸の内1-3-3

**倉** ま、東京駅もピカピカで、新築の風景に馴染んでいますから(笑)。これは保存だ、保存とはいえない、なんてこだわるのは私のようなマニアだけで、これが東京の生み出した「保存」のスタイルだと胸を張っていいのかも。ただ、こういう方法だけが過去の生かし方ではない。巨大なお金が動く東京だからこそ、こんなことが一定の質で可能なんじゃないかな。

## 緑を味方に、みずほコーポレート銀行。

**倉** 少し変わった建物をご案内しましょうか? みずほコーポレート銀行本店(旧日本興業銀行本店)です。商業建築が多い村野藤吾が銀行本店というお堅い課題にとり組んだ。全面を石で覆い、列柱のようなデザインで銀行の手堅さを表現し、巨大な建物ならではの力強さです。でも石の反射はどこか艶《なま》めかしいし、真ん中で折れ目がついた柱は少し柔らかい印象でしょう。柱と柱の間にはグリーンをはさんでいたり。

**み** ちゃんと計算されてる…。

**倉** 道路と建築の境をあいまいにしています。昔から銀行建築って1階の窓に柵をつけて侵入を防ぐようにするけど、緑がその役割も果たしている。

**み** 建物に近づけないけど、威圧感もないですね。

**倉** 裏にまわると、さらに…。

**み** なんですか、この空間は!

**倉** 敷地の一部を池と緑の空間にして、道行く人に提供しているんですね。上の大きくせり出した部分に設備機械をまとめている。合理性もあるし、意外な建物の形になってます。

**み** お堅いイメージの銀行も、池や緑のおかげでぐっと親近感がわく。壁だけ見てたのとは、風景が違って見えます。

**倉** 村野さんは社会にまみれた建築家。公共建築というより、百貨店や鉄道関連など建物がちゃんとお金を生む必要がある仕事を多くこなしました。だから、こんなふうに依頼者の要望に応えながら、一般の人にプラスになるものを忍び込ませるのがうまいんですね。お金の力を都市に戻そうという姿勢に共感します。

みずほコーポレート銀行本店の知られざる顔。見事な曲線美、水と緑の独特なコラボレーション。

み　そういえば名古屋の丸栄本店本館の外壁のモザイク画を、立ち止まってしみじみ眺めたことがあって。村野建築と知ったのは後から。街を歩く人がちょっとしたところで和めるような工夫がされているんですよね。

## マジメな建築、東京海上日動ビル本館。

み　東京海上日動ビル本館です。

倉　これも前の村野さんのと同年の完成ですが、対照的に公共建築が多かった前川國男の設計。足元広場と超高層という師匠のル・コルビュジエゆずりの理想を掲げて、高すぎるという批判を受けたりと苦労しながら完成させた、丸の内で最初の超高層ビルなんです。

み　こうして見ると東京駅と色合いが一緒ですね。

倉　前川さんは過去のものに寄りかからない建築家だから、それが意図的なのかはわからない。ただ、2人は共通点も多いんですよ。明治の辰野金吾は懸命に西洋建築を学び、この国にふさわしい様式として「辰野式」を考案した。昭和の前川さんも律儀な人で、ただ格好いいだけのデザインに飛びつくんじゃなく、新技術でより安全で使い勝手のいいものを造るのが建築家の責任だと考えた。例えばこのビルの壁面にしても、打ち放しコンクリートは日本の気候と合わない、タイル貼りは落下の危険性がある、と打ち込みタイルを採用しました。当時からガラスのカーテンウォールが流行っていたんだけど、万一の火災時に少しでも長く救助を待てるようにと、無骨であっても梁を前に出して、ベランダ空間を作った。日本の近代を生きた建築家の不器用なまでの真面目さが2つを類似させたのかも。

東京海上日動ビル本館● 1974年竣工、設計 前川國男。東京都千代田区丸の内1-2-1

## 最新技術で再現、三菱一号館。

み　三菱一号館に来ました。復元とのことですが、一見するだけでは私にはわからないです…。

倉　日本の近代建築では最も本格的に再建されたものです。表面的なデザインだけではなく、壁のレンガは当時のものに近づけて焼いたり、表面に現れない屋根裏の骨組みも再現している。現在の法律をクリアするよう工夫したり、手間がかかっています。

み　いつ壊されたんですか？

倉　高度成長期の１９６８年です。関東大震災にも太平洋戦争にも耐えたけど、日本人が自分たちの手で壊したんでしょうね。でも、１８９４年完成の丸の内初のオフィスビルということで、後ろの超高層ビルを建てる際に復元されました。丸の内のブランディングの一環になっています。

み　復元後、丸の内への集客効果も如実ですね。特徴は？

倉　1階は堅牢に見せて、2階部分はすっと伸び、最上階は華やか。これを三層構成といって、窓のデザインも変えているでしょう？　日本に西洋の建築学を伝えたイギリス人建築家のジョサイア・コンドルの設計らしく、様式主義建築の教科書のよう。凹凸を巧みに構成して、箱の上にただ装飾をつけたようには見せないのが、さすが。

み　建物の裏側も見てみましょうか。表情がまた違いますね。

倉　この頃は建物の形状がL字やロの字になっています。外の風や

**三菱一号館**●2009年竣工、設計 三菱地所設計。東京都千代田区丸の内2-6-2

光が入るよう、窓からの距離が一定以上遠くならないようにしている。例えば六本木ヒルズのように広い平面で建物が建つのは、空調機械や強い人工照明が完備された60年代になってからです。

**み**　いまは美術館となっていて、かつての銀行営業室を復元した場所はカフェになっていますね。

**倉**　コンドルは室内のデザインがうまい。それはコンドルに習った日本人建築家もなかなか追いつけませんでした。天井が高く、装飾で構成された空間って日本にはなかったから。

**み**　「うまい」っていうのは？

**倉**　バランスがとれて緊張感があり、床から天井まで中だるみしない…といったらいいかな。外から見ると上に飾り窓が並び、屋根も小さい割に飾りがたくさん。復元された姿を実際に見ると、なるほどと気づくことが多いんですね。コンドルって、上野の岩崎邸以外に残った作品は後期のものが多く、落ち着いた印象だけど、これは若々しい。日本人建築家はこんな先生に学んだんだな、としみじみ。

**み**　師匠と弟子で見比べても面白そうですね。

## 柱に宿る生命、明治生命館。

**み**　道路を渡り、**明治生命館**を眺めていますが…真下から見るのとこんなに違って見えるとは。

**倉**　向かいが皇居なので外観が全て望める。内堀通りは建築にとって最高の舞台です。設計は上野の黒田記念館などと同じ岡田信一郎。没後の1934年に遺作として完成しました。

**み**　ギリシアの神殿のような柱が印象的ですね。

**倉**　ここもオフィスビルですが、三菱一号館とは規模がずいぶん違う。建物の両脇を少し引っ込めたり、2階から6階までまたがる大きなコリント式の柱で緊張感を与えています。戦後の高度成長期のビルと変わらない巨大な建物を、様式を使いこなして引き締めているのはさすがです。

**み**　信頼を要する会社ならでは。

**倉**　コリント式オーダーが秀逸で、角度や時間によって柱のカーブや柱頭の飾りが違って見える。威厳と共に建築に生命力を与えています。これだけ西洋建築を身体化した岡田ですけど、実は欧州を訪れたことは一度もないんです。実際に建築を見ることは重要だけど、写真や図面からの想像力も大事なのかもしれませんね。

馬場先門
じてんしゃ

明治生命館 ●1934年竣工、設計 岡田信一郎。東京都千代田区丸の内2-1

**東京會舘**●1971年竣工、設計 谷口吉郎/三菱地所。東京都千代田区丸の内3-2-1

## 東京會舘とマロンシャンテリー。

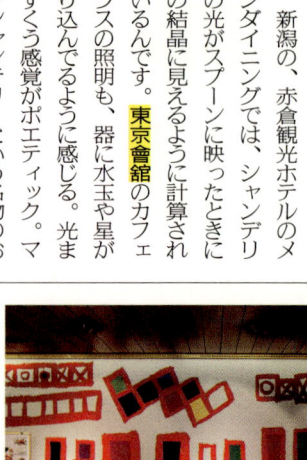

**み**　新潟の、赤倉観光ホテルのメインダイニングでは、シャンデリアの光がスプーンに映ったときに雪の結晶に見えるように計算されているんです。東京會舘のカフェテラスの照明も、器に水玉や星が映り込んでるように感じる。光まですくう感覚がポエティック。マロンシャンテリーという名物のお菓子も華やかで好きです。

**倉**　マロンシャンテリー、美味し

いなあ。光によって陰影が生まれるでしょう。唇に触れる柔らかさであったり、口に溶ける甘さを予感させながら、ひと匙ごとに形を変える。機微がありますよね。このカフェテラスの椅子からも、同じようなタッチの柔らかさを感じます。日本の女性が座ったときに一番合う形じゃないかな。

**み**　私、建物を見るときに男性的、女性的って見方をするんです。ここは建物自体は男性的ですが、中はなんとも女性的。ふふふ。

**倉**　それが不思議。お菓子からイ

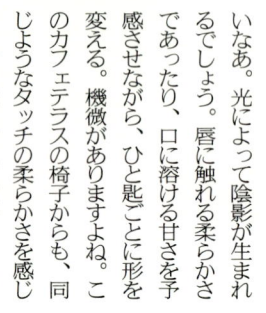

お堀沿いから眺める皇居前の建物。写真左より東京商工会議ビル、東京會舘、国際ビルヂング、DNタワー21。

ンテリアまで統一感があって、その記憶が視覚じゃなく、感触として甦る感じ。こういう建築体験もあるんですね。

**み**　ロビーでは猪熊弦一郎の壁画が強烈に視界に入るけど、そういえば外観の印象って、あまりない。

**倉**　では、歩きながら眺めましょうか。外面はハーフミラーガラスに金属を混ぜて不思議な色を出す、当時流行した手法です。31mより高層だけど、隣の国際ビルヂングと軒線は合わせてる。どちらも谷口吉郎が関わり、端正な外観に整えた。これぞ高度成長期の「日本のビル」の保守本流って感じ。

**み**　どの建物も道路を渡って、離れた場所から見るといいですね。

**倉**　皇居前なので、ほとんどの建物はその責任を感じて建っていて、その競演が楽しめる。国際ビルヂングの隣、DNタワー21も戦前の建物なんですよ。

**み**　戦前ですか？　見えない！

**倉**　東京中央郵便局のようなモダニズムにも思えるけど、ぎりぎり

COFFEE BREAK

## マロンシャンテリーとモダン・デザイン空間。

名物、マロンシャンテリー1,050円。（サービス料別）館内Sweet Plazaにて購入も可能（945円）。

みのりさんの好物「マロンシャンテリー」は、日本の洋菓子の祖として知られる東京會舘初代製菓部長、勝目清鷹さんが50年以上も前に考案した名物メニュー。裏ごしした栗と生クリームが溶け合うやさしい口当たり、うっとりするほど繊細なフォルム…。猪熊弦一郎のシャンデリア「金環」からこぼれ落ちる光の下でこの逸品を食べられる幸せといったら…。ケヤキを使用した天童木工の椅子、モダン・ジャパニーズと呼ばれた昭和40年代のインテリアなど、グッド・デザインの力を堪能できるひとときに。

**東京會舘 カフェテラス** ● 東京都千代田区丸の内3-2-1 1Fロビー横 ⏲10:00〜22:00（土・日曜＆祝日は〜21:30、共にL.O.は30分前） ☎03-3215-2126



まで抽象化した様式主義といったほうがいいかな。壁の厚みをわざと見せた縦長窓や、アーチ構造を意識した目地がそうですね。旧第一生命館の外観と室内の一部を残し1995年に超高層化された。

**み**　あのビルこそ、男性的ですね。

### 遊び心満載、日本生命日比谷ビル。

**倉**　日本生命日比谷ビルです。関西発祥の企業の東京本部として建設されたもの。その際に、日生の存在が浸透するようにとビルの中に日生劇場を造りました。60年代は斬新な自主公演の劇場だった。当時20代の石原慎太郎を企画担当、浅利慶太を制作営業担当取締役に抜擢して世間を驚かせて。

**み**　ここはじっくり見たことがなかった。雰囲気が独特ですね。

**倉**　建築は村野藤吾。彼の代表作のひとつです。国際ビルのように抽象的な表現が全盛の時代に、縦長窓、ロマネスク建築のような柱、

三層構成なんて時代錯誤！と当時は物議を醸した。しかしそれ以上にここはアヴァンギャルド。例えば、三層構成は本来は下が重厚で上が軽やかなものですが、これは逆。1階はピロティで、上階が張り出している。

**み**　本当ですね。えっと、劇場の入口は…あ、あそこにあった。

**倉**　どこが劇場でどこがオフィス

**日本生命日比谷ビル/日生劇場** ● 1963年竣工、設計 村野藤吾。東京都千代田区有楽町1-1-1

かわからない。複合的な機能をひとつの外観で統一しているのは、国際ビルと同じかも。

**み** ピロティの床に貝や木や、模様が入っていて、まあ可愛らしい。

**倉** 村野さんって、こういうタイルの装飾が好き。さっきみのりさんも話してた名古屋の丸栄とか、大阪・道頓堀にあるドウトンでも印象的にタイルを使っています。一方でピロティの天井は、工事現場の足場のような素材。村野さんはよく手作りのものと工業製品、古典と現代、贅沢と清貧を接続します。それで様式主義とも通常のモダニズムとも違う、記憶に残る場所をたくさん抱えた劇場建築になった。

**み** 丸いマットが入口にはめ込まれてますね。全部デザインの中にとり入れられてる…。

**倉** インテリアから建築まで連続するのも村野さんらしさ。

**み** 子ども向けの舞台も多いんですね。子どもがわくわくするし、私もいま、ここに立って童心に返

っています（笑）。

**倉**　内部も見事ですよ。1階はまるでアールデコの再来のような天井装飾で、ほっそりとした手すりはアールヌーヴォーの独自解釈みたい。前川さんや丹下さんと違い、村野さんはモダニズムだけでなく、表現主義やアールデコ、様式主義や和風を溶かし込み「村野流」に変える。しかし、こんな型破りな劇場を造らせた施主もすごい。昭和の名物社長が残してくれた遺産のひとつですね。

**み**　メセナが生きてた時代。

**倉**　オリジナルの状態を半世紀間、保っていることも価値がある。誇りをもって使われていて、その事実がどんな言葉よりも強く、この企業に対する信頼を熟成させているんだと思います。

## 環境に反応するボックス、ヒビヤカダン。

**み**　さて、日比谷公園に到着。黒澤明の映画『素晴らしき日曜日』

に登場する日比谷野音音楽堂は、セットながらも印象的でした。他にも佐藤功一設計の日比谷公会堂や、福田重義の造った木造のフェリーチェガーデン日比谷、建築家・小坂秀雄の生家でもある日比谷松本楼など、ここには印象的な建物が多いですね。開園した明治の頃は、モボ・モガがこぞって訪れる

ヒビヤカダン 日比谷公園店●2009年竣工、設計 乾久美子。7.5mの天井まで広がるガラス面で仕切られた店内は、常に光で満ちあふれている。東京都千代田区日比谷公園1-1

ハイカラな場所だったとか。しかしヒビヤカダン 日比谷公園店は見るからに新しいですよね。

**倉** 設計は乾久美子さん。有名フラワーショップが斬新に建てかわりました。分棟で、遠目にはスケールのわからない大きなボックスだから、あまり建築っぽくない。

**み** 天井も巧みですね。大きなガラス窓から見える花が、公園の一部のよう。

**倉** 箱形は向こう側に見える合同庁舎ビルにも似ていて、目地は日本生命日比谷ビルに対応するかのよう。大きなガラス窓で花と公園をつなげているのかな。いろんなイメージがわくけど、何かの意味に偏らないように設計されている。建てることでまわりを引き立てることを意図しています。

**み** 意識しないで通りすぎることもできる。大きな花瓶の中に花が入ってるような面白味も。

**倉** 全体の形というより、断片的な体験が記憶に残ります。東京會舘内部のように、その時々の思いを映し出すんでしょうね。

### 帝国ホテルとランデブーラウンジ。

**み** たまに背伸びして、帝国ホテルのランデブーラウンジを利用するんです。帝国ホテルに来ると気持ちがしゃんとする。客室に南桂子さんの絵が飾られているのも好き。でも、明治村に移築されているフランク・ロイド・ライトの館のインパクトが強すぎて、比べるといまの建物はおおらかな印象。

**倉** 折り目正しい高層ビルですよね。昔の仕立てのいい靴のような。最初は硬いんだけど、何回か履くうちに馴染んで、そのうちこれじゃなきゃ、となる。

フランク・ロイド・ライト
(1867~1959)

**み**　ホテルのお手本のような。

**倉**　ジェントルマンの館としての雰囲気をモダンな中にもっているのが独特。本館を設計した高橋貞太郎は、戦前に日本橋高島屋や駒場の旧前田侯爵邸といった様式主義を得意とした建築家。コンドルからのイギリス流のテイストがここまで流れているようです。

**み**　ライトの後の仕事というのは、相当なプレッシャーもあったでしょうね。昔、ホテルの本を作ったとき、ホテルは宿泊客だけじゃなく、みなに開かれたものだと知りました。ここは、まずランデブーという響きにキュンときた。美空ひばりの歌、「素敵なランデブー」を思い出します。かつて日比谷公園は若い恋人たちのデートスポットだったそうですが、コースの最後に行き着く場所としてぴったり。

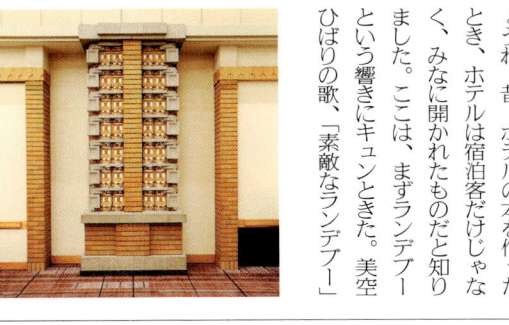

**倉**　日比谷から有楽町の間は昭和初めまで繁華街の外れでしたが、土地の勘が働く阪急の小林一三が目をつけ宝塚劇場を作り、人が流れるようになった。

**み**　おそるべし、小林一三のセンス…。帝国ホテルといえば男性は、ライト館の面影を残す、オールドインペリアルバーのほうに気持ちが傾くかと思うのですが。このラウンジはお気に召していただけましたか？

**帝国ホテル 本館**●1970年竣工、設計者 高橋貞太郎。東京都千代田区内幸町1-1-1

**倉**　ええ、居心地がいいですね。日本のホテルの元祖として正統をきちんと継承しつつ、現代化している。これだけ天井が高い大空間なのに、群衆としては扱われない絶妙な空間。装飾もこれだけ大きいとちまちましたものでは見合わないから、大壁面で抽象的な素材そのものに語らせてる。

**み**　気持ちがしゃんとする鍵はそういう部分からでしょうね。今日は、私たちが生きている日本の中心の街を造った先生方を一度に拝み歩くというか、巡礼みたいなコースだった（笑）。迫力あるものばかりでした。

**倉**　オフィスビルにしても会館にしてもホテルにしても、ここで生まれたものがスタンダードとなって、他の地域に影響を与えていった、まさに中心といえます。最新の東京も、東京らしくない東京もいいけど、ここが「東京らしい東京」。歩けば新鮮な発見に満ちていますね。**東**

# 建物名INDEX

## あ



## か



## さ

ブックデザイン　遠藤[illegible]一（femto）
写真　[illegible]
イラスト　[illegible]
地図　宮本[illegible]
校閲　（株）アンデパンダン
PD　山内 明（DNPメディア・アート）
営業　牟田[illegible]（大日本印刷株式会社）
編集・進行　[illegible]
編集協力　本荘[illegible]

# 東京建築

## みる・あるく・かたる

2012年11月[illegible]日　初版発行

著者　倉方俊輔　甲斐みのり

発行人　[illegible]

発行所　株式会社京阪神エルマガジン社
〒550-8575 大阪市西区江戸堀1-10-8
☎06-6446-7718（販売）
〒[illegible] 東京都中央区銀座[illegible]
☎[illegible]（編集）
www.Lmagazine.jp

印刷・製本　大日本印刷株式会社


ISBN978-4-87435-400-1 C0026